Andreas Peters
Good Food Marketing

Andreas Peters

GOOD FOOD MARKETING

Zehn Beiträge aus der Praxis
für erfolgreiches Food Marketing

Bibliografische Information der Deutschen Nationalbibliothek
Die Deutsche Nationalbibliothek verzeichnet diese Publikation in der
Deutschen Nationalbibliografie; detaillierte bibliografische Daten sind
im Internet über *http://dnb.d-nb.de* abrufbar.

ISBN 978-3-86641-315-3

Umschlag: Grafische Gestaltung Guido Klütsch, Köln
Lektorat: Birga Andel, Lektorat & mehr, Rüsselsheim
Satz: Fotosatz L. Huhn, Linsengericht
Druck und Verarbeitung: ColorDruck Solutions GmbH, Leimen

Inhalt

Vorwort

Dieses Buch ist entstanden, da ich nach mehr als zwanzig Jahren Führungsverantwortung im Bereich Marketing und Sales im größten Food-Unternehmen der Welt – zehn Jahre davon verantwortlich für das Marketing einiger der bekanntesten und erfolgreichsten Food Brands Deutschlands – das Gefühl hatte, es könnte für den einen oder anderen Marketingkollegen interessant sein, auf meine Erfahrungen zurückzublicken und sich von meinen Erwartungen an zukünftige Entwicklungen inspirieren zu lassen. So ist ein Buch entstanden, das keinerlei wissenschaftlichen Anspruch hegt, sondern zu zehn relevanten Themenfeldern des Food Marketing praxisorientierte Beiträge anbietet.

Relativ neue Mitarbeiter im Food Marketing werden hier viele hilfreiche Tipps, interessante Ein- und Ausblicke sowie wertvolle Ratschläge finden, die sicher zur Best Practice im Management beitragen können. Doch etablierte Marketer können ebenfalls profitieren: Auf Basis meiner Marketing-Erfahrung habe ich den Blick auch nach vorne gerichtet und erlaube mir einige Zukunftsprognosen, die für das Food Marketing von morgen von großem Interesse sein dürften.

Meine Karriere in einem großen Food-Konzern hat mir zweifelsohne einen großen Wissens- und Erfahrungsschatz beschert. Darüber hinaus kenne ich aber auch die Situation von anderen Food Marketern, da ich im Rahmen meiner Tätigkeit nicht nur viele intensive Wettbewerbsanalysen erstellt und ausgewertet habe, sondern auch zahlreiche Kontakte zu Mittelständlern pflege, denen ich persönlich immer wieder im Rahmen von Lieferantenbeziehungen und meiner langjährigen Verbandstätigkeit nahegekommen bin. Diese vielfältigen Beziehungen und Sichtweisen erlauben es mir, über den Tellerrand hinauszuschauen und einen Blick auf die gesamte Food-Branche in Deutschland und die jeweiligen Marketing-Optionen zu werfen.

Wichtig ist mir noch der Hinweis, dass dieses Buch meine persönlichen Erfahrungen, mein erworbenes Know-how und meine eigene Bewertung der Maßnahmen und Entwicklungen wiedergibt. Natürlich sind mein Marketing-Wissen und mein Markenverständnis durch meine Tätigkeit beim größten Lebensmittelhersteller der Welt geprägt. Die Beiträge zu den zehn Themen müssen trotzdem nicht mit den Einschätzungen meines langjährigen Arbeitgebers übereinstimmen.

GOOD MARKETING
—
GOOD SUCCESS

1 New Reality

„Man muss sich immerfort verändern,
erneuern, verjüngen,
um nicht zu verstocken."

Johann Wolfgang von Goethe

Willkommen in einer neuen Welt

„New Reality" ist ein Begriff, den meine Company verwendet, um die revolutionären Veränderungen zu beschreiben, denen wir uns jetzt stellen müssen. Vieles, was wir bisher praktizierten und für richtig hielten, wird zukünftig an den Anforderungen von Markt und Gesellschaft vorbeigehen. Das Marketing von heute muss sich dieser neuen Realität stellen. Und das in sehr kurzer Zeit, denn die Veränderungen finden jetzt statt – wer sich heute nicht anpasst, wird das Morgen kaum erleben. Jedes neue Angebot, jede Serviceleistung, jede Kommunikationsmaßnahme sollte, nein: muss diese Rahmenbedingungen der New Reality berücksichtigen.

Wer sich heute nicht anpasst, wird das Morgen kaum erleben

Während die demografische Veränderung noch relativ beschaulich Besitz von unserer Gesellschaftsrealität ergreift, sind die digitale Revolution und die sich daraus ergebende neue Informations- und Kommunikationskultur sowie die Folgen der Entstrukturierung des Alltags schon längst Teil unseres täglichen Handelns geworden.

The New Reality – Große Chancen

Wertewandel:
Moralisierung des Konsums

Soziale Netzwerke

E-Commerce

Digitalisierung

für Innovation und Kommunikation

Destrukturierung des Alltags

Mobilität beim Essen und Kommunizieren

Demografischer Wandel

Premium vs. Low Price

Der Einfluss auf das Konsumverhalten ist einschneidend: Die Menschen erwarten Food-Angebote, die ihren heutigen Bedürfnissen entsprechen, finden aber überwiegend alte Antworten.

Eine großartige Chance für zukunftsorientiertes Marketing, ein großes Risiko für konservative Vermarktungsstrategien.

Neue Ansprüche der jungen Alten

Die demografische Entwicklung führt uns in eine Gesellschaft der „jungen Alten". Sehr viele älter werdende Menschen mit Ansprüchen der Gegenwart werden zukünftig die Nachfrage nach Food Products und Services bestimmen.

Kein Verzicht auf Genuss, sinnvolle Convenience-Leistungen und hohe Ansprüche an einen garantierten Beitrag zu einer gesunden Ernährung werden die entscheidenden Angebotsattribute sein.

Dies erfordert eine entsprechende Verbraucheransprache, die der Lebensfreude und Dynamik dieser Gruppe gerecht wird. Ein gesunder 70-Jähriger fühlt sich wie ein agiler 50-Jähriger und möchte auch so behandelt werden. Computer, Laptop und Smartphone sind wichtige Kommunikationsmittel der „jungen Alten". Und sie haben Zeit, um sich online zu informieren und mit anderen Senioren zu kommunizieren. Die älteren Verbraucher hinterfragen die Unternehmen, erwarten

Die passende Verbraucheransprache wird belohnt

verständliche Antworten auf ihre E-Mails und zeigen sich loyal gegenüber Firmen und Marken, die sich um sie bemühen. Ernährungsberatung wird geschätzt, solange sie nicht dogmatisch Verzicht predigt (das macht schon der Arzt).

In den nächsten zehn Jahren wird die Anzahl der einzelnen Haushalte voraussichtlich zunehmen. Mehr und mehr Single-Haushalte mit älteren Menschen werden entstehen. Neben den heute schon vielen Single-Haushalten wird das den Bedarf an Ein-Portions-Angeboten deutlich erhöhen: Die Nachfrage nach Fertiggerichten für eine Person und allgemein nach kleineren Packungsgrößen steigt. Aber auch Home Deliveries werden davon profitieren.

Für eine Person kocht man nicht gerne

Da Senioren deutlich weniger Kalorien pro Tag (bis zu 1.000 weniger als zum Beispiel 30-jährige Menschen) benötigen, wird wohl bei gleichzeitig rückläufiger Bevölkerung in Deutschland ein noch verstärkter „War for Calories" auf uns zukommen. Bei sinkender Gesamtnachfrage wird der „Share of Stomach" den Ausschlag geben, welche Food-Angebote sich durchgesetzt haben.

Wertschöpfungsstrategie der Zukunft wird sein, den Preis pro Kalorie zu erhöhen, um den Verlust an Quantität durch erhöhte (und bezahlte) Qualität zu kompensieren.

Das Potenzial dafür wird hart umkämpft sein, man könnte sagen: Jede Kalorie zählt! Und dieser Wettbewerb findet praktisch täglich beziehungsweise wöchentlich aufs Neue statt, denn wie in kaum einem anderen Markt treffen Verbraucher im Food Business extrem kurzfristige Entscheidungen: Was esse ich heute oder in den nächsten Tagen? Selbst beim Einkauf von Lebensmitteln, ob off- oder online, werden viele Entscheidungen spontan getroffen. Das macht deutlich, wie intensiv das

Quelle: Statistisches Bundesamt, Wiesbaden 2014. Zahlen gerundet.

Werben um die tägliche Entscheidung der Menschen für das eigene Lebensmittelangebot in Zukunft werden wird.

Die Problematik der begrenzten Rentenzahlungen für viele zukünftige Ruheständler wird natürlich Einfluss auf die Food-Nachfrage nehmen. Wenige werden sich im Alter viel leisten können, viele werden bei Lebensmitteln auf jeden Cent achten müssen.

Gut positionierte Premiumangebote müssen von ihrem Nährwertprofil und ihrer Verfügbarkeit her den Anforderungen der Senioren entsprechen, um auch in den nächsten zehn bis zwanzig Jahren Akzeptanz in dieser Zielgruppe der Kaufkräftigen zu erhalten. Wenn man dagegen Mass Producer ist oder werden möchte, sind Angebote im Low Price Segment chancenreich. Zudem haben Senioren Zeit, um den Markt nach preiswerten Lebensmitteln zu screenen, und die Transparenz im Web unterstützt die effiziente Verwendung des knappen Haushaltsbudgets.

Exkurs

Convenience is(s)t clever

Die großen Innovations- und Wachstumstreiber im Food Business waren in den letzten Jahren Genuss, Convenience und Gesundheit/Nutrition. Dabei wird Convenience immer etwas verschämt erwähnt, da Convenience in der Öffentlichkeit mit minderer Industriequalität von Food-Produkten gleichgesetzt wird. Fast Food ist bei vielen Menschen zumindest öffentlich verpönt. Warum eigentlich? Die Menschen, die ihren Lebensstil zeitgemäß organisieren wollen, nutzen auf smarte Art und Weise das heutige Food-Angebot. Im Prinzip kaufen die Verbraucher sich Zeit, die sie für andere Tätigkeiten nutzen wollen.

„More Quality Time" heißt nicht zwangsläufig
„Less Food Quality".

Convenience ist zu Unrecht verpönt. Alles, was wir in einem Lebensmittelgeschäft kaufen, ist Convenience-Ware. Selbst das Obst und Gemüse bietet uns Convenience, denn wir pflücken dieses nicht direkt vom Baum oder ernten es. Fleisch und Wurst? Wir schlachten nicht und verarbeiten es nicht. Wir selektieren die Rohware nicht aufgrund der von den Verbrauchern gewünschten Kriterien, sondern wir kaufen, was beim Händler frisch, natürlich und geschmackvoll aussieht. Und wir genießen diese Vorauswahl und -behandlung. Das ist auch Convenience.

„Eat smart" bedeutet nicht nur, sich klug im Sinne von ausgewogen oder frisch zu ernähren, sondern auch, diese Anforderungen smart mit Convenience zu kombinieren. Die Food-Industrie kann hierzu durch kluge Produkt- und Serviceleistungen den zeitgemäßen Ernährungsstil perfekt unterstützen.

Aber auch Haushaltsgeräte tragen zu höherer Convenience bei. Und das muss nicht nur ein geniales, aber sehr teures Gerät wie der Thermomix sein. Wichtiger denn je ist heute der Backofen in vielen Haushalten geworden, denn er ermöglicht convenientes Kochen und Backen perfekt. Die Vorbereitung der Zutaten – ob Gemüse zu putzen und zu schneiden, Käse zu reiben oder Kuchenteig zu rühren – ist ein emotional positiv erlebter Moment, der besagt: Ich gebe mir Mühe, ich bereite frisch zu. Dann kommt das Gemüsegratin oder der Kuchen in den Ofen und man hat Zeit für andere Dinge („Put it into the oven and forget it", zumindest bis das Gericht fertig ist). Das schenkt der Person, die kocht, Freiheit.

Moderne Food Convenience bietet nicht nur die Vorleistung verschiedener Verarbeitungsprozesse, sondern hochwertige Einzelzutaten, Transparenz der Ingredients und klare Information über Nährwerte und Zubereitung.

Die Beschaffung der Zutaten muss gesellschaftlich verantwortlich sein, die Herstellung produkt- und umweltschonend erfolgen. Die Haltbarkeit und Aufbewahrung (wichtige Aspekte der Convenience-Leistung) muss absolute Sicherheit bis zum Verzehr garantieren. Gleichzeitig muss die Verpackung so reduziert und recycelbar wie möglich gestaltet werden. And finally: Es muss gut schmecken! Denn natürlich kauft der Verbraucher mit einem Industrialized Food Product auch und zuerst den überzeugenden Geschmack ein – auch das ist ein Teil der Convenience-Leistung.

Alles in allem: Good Convenience eben!

(Ent-)Strukturierte Tagesabläufe

Die Entstrukturierung des Alltages zahlt ebenfalls in das Angebot von convenienten Food-Angeboten ein. Früher haben die Mahlzeiten den Tagesablauf bestimmt (fixe Frühstücks-, Mittagessens- und Abendbrotzeiten), heute muss sich die Ernährung an das Tagesprogramm der Menschen anpassen. Gefrühstückt wird auf dem Weg zur Arbeit oder nach dem Besuch des Fitnessstudios, dann snackt man sich mehr und mehr durch den Tag, das Abendessen nimmt zunehmend Raum

Man snackt sich durch den Tag

als wichtigstes Essen des Tages ein – oder es wird weiter gesnackt, da ein volles Abendprogramm ansteht.

Die Food Journey ändert sich,
die Erwartungen der Verbraucher entsprechend.
Wichtige Signale für neue Food-Angebote.

Eine gewisse Gegenbewegung stellt die zunehmende Ganztagsverpflegung für Kinder in Deutschland dar. Sowohl in Schulen als auch in Kindertagesstätten (Kitas) wird mehr und mehr auf eine ausgewogene Ernährung geachtet. Noch ist dies bei Weitem nicht erreicht, aber die Erkenntnis und die Bemühungen sind da. Hier findet auf jeden Fall eine strukturierte Verpflegung über den Tag statt. Allein in Kitas werden heute täglich fast zwei Millionen Kinder versorgt, was bedeutet, dass in nahezu derselben Anzahl von Haushalten das Kochen und gemeinsame Mittagessen von Mutter oder Vater und Kind entfallen. Das heißt, die Lebensmittel, die bisher hierzu verwendet wurden, werden als Nachfrage am Markt ausfallen, die Lebensmittel für die Kita-Verpflegung (ob frisch gekocht oder von Serviceunternehmen zubereitet) werden stärker nachgefragt.

Schul- und Kita-Verpflegung

Auch das Essverhalten der Elternteile, die nun nicht mehr zu Hause für die Verpflegung des Kindes zuständig sind, wird sich ändern. Wahrscheinlich wird die Food Journey dieser Menschen wiederum eher spontan und unstrukturierter verlaufen, wodurch auch hier andere conveniente Lebensmittel und Food-Angebote nachgefragt werden.

Geschwindigkeit!

Für die Food Branche heißt das, dass Veränderungen der Nachfrage rechtzeitig wahrgenommen werden müssen: Es ist also dringend erforderlich, sofort zu agieren als zu einem zu späten Zeitpunkt zu reagieren. Speed ist im Food-Markt, der sich fast täglich neu verteilt, eine wichtige Voraussetzung für den Erfolg.

Verbraucher von heute, ob jung oder alt, nutzen zunehmend moderne Kommunikationsmittel, um sich über Food-Angebote, gesunde Ernährungsstile, Home Delivery Services oder Unternehmensverhalten zu informieren.

Die mobile Nutzung steigt dabei deutlich an, schon jetzt macht das jeder Zweite. In zwei bis drei Jahren werden das sicher 70 bis 80 Prozent aller Online-User sein. Und sie probieren die neuen Optionen gerne aus. Die neue Technik wird spielerisch erprobt. Filme ersetzen Texte, prägnante Headlines ersetzen Inhalte, Emotionen steuern die Lernbereitschaft beziehungsweise die Durchsetzung von Botschaften.

Gutes wird geshared, Schlechtes aber auch

Was gut beurteilt wird, wird genutzt und und mit der Community geteilt, was enttäuscht, wird gelöscht oder im negativsten Fall ebenfalls „geshared" und entsprechend kommentiert. Das mag man gut oder schlecht finden – es ist die New Reality.

Der Ausbau der Übertragungsgeschwindigkeit der Daten und die Penetration mobiler Endgeräte führen zu großartigen Chancen der Verbraucherkommunikation. Die Menschen können sich mehr und mehr, wann immer sie wollen und wo immer sie sind, über Food-Angebote, Ernährungstipps oder Bestell- und Liefermöglichkeiten informieren. Das eröffnet Unternehmen nicht nur im B2C-, sondern auch im B2B-Markt sehr gute Vermarktungschancen. Voraussetzung dafür sind eine hohe Kompetenz im CRM (Consumer bzw. Customer Relationship Management), eine entsprechende technologische und logistische Infrastruktur sowie eine Organisation, die auf schnelle Reaktion auf die Bedürfnisse der Marktteilnehmer ausgerichtet ist.

Digitales Business

Durch die breite Verfügbarkeit mobiler Endgeräte können sich potenzielle Kunden kurz vor der Kaufentscheidung mit Freunden oder auch direkt mit den Herstellern austauschen.

TASTE THE REAL WORLD

Aber auch Retailer werden in ihren Shops (ob on- oder offline) den Kunden aktuelle Informationen zu Produkten und Promotions in Echtzeit zur Verfügung stellen. Durch gezielte Datenanalyse (Big Data) wird es möglich sein, individuelle Informationen und Kaufempfehlungen anzubieten. Die Grenze dieser Möglichkeiten **Big Data** wird nicht technologisch bedingt sein, sondern sich eher aus der laufenden Diskussion um den Datenschutz ergeben. Inwieweit sich hierzu Einschränkungen für das digitale Marketing ergeben, ist derzeit noch nicht abzusehen. Aber es wird auf jeden Fall welche geben.

E-Commerce wird schnell an Bedeutung gewinnen. Heute noch ein kleiner Umsatzhebel im Food-Bereich, wird sich das schnell verändern. Digitale Bestell- und Bezahlmöglichkeiten sind attraktiv für moderne Verbraucher. Trainiert wurde in den letzten Jahren in weniger sensiblen Kategorien (Bücher, Filme, Tickets, Reisen, Textilien und Schuhen). Jetzt ist das Food-Angebot dran. Ich vermute, **E-Commerce** dass sich Offline-Shopping mehr und mehr zur reduzierten (allerdings beliebten) Einkaufsoption entwickelt. Die Befriedigung sensorischer und sozialer Bedürfnisse beim Einkaufen (Riechen, Schmecken durch Verkostungen, Frische live erleben in der Obst- und Gemüseabteilung sowie bei Fisch und Fleisch, aber auch reale Kontakte und Gespräche, das Spüren sozialer Nähe) kann nur in der Real World offline stattfinden. Und das wird uns erhalten bleiben.

Aber die Grundversorgung, effizient und aufwandsreduziert, wird vom E-Commerce bestimmt werden, Convenience als wichtiger Treiber unseres Alltagsmanagements die Nutzung dieser Kauf- und Abwicklungsangebote zunehmend fördern.

Soziale und moralische Herausforderungen

Die Moralisierung des Konsums ist zwar heute noch mehr in der Diskussion, als dass es das reale Kaufverhalten tatsächlich beeinflusst, aber das wird sich ändern. Bis

Moralisierung
des Konsums

auf einen kleinen elitären Kreis von Verbrauchern, die sich jetzt schon intensiver mit dem Hintergrund von Lebensmittelproduktion und Vermarktungspraktiken beschäftigen und sich den Erwerb von oft entsprechend aufwendiger hergestellten Produkten leisten können, kauft die breite Masse der Lebensmittelkäufer heute noch wie gewohnt ein – allerdings mit einem zunehmend schlechteren Gefühl. Viele Verbraucher sind verunsichert. Zwar wissen nach wie vor viele Menschen mit Begriffen wie Nachhaltigkeit, CO_2-Ausstoß oder Fair Trade nicht wirklich viel anzufangen, aber das Bewusstsein, dass

ihr Konsumverhalten Einfluss auf unsere unmittelbare Umwelt und letztendlich auch auf den Zustand unseres Planeten hat, wächst kontinuierlich. Und wer möchte schon Teil einer negativen Entwicklung sein?

Die Verantwortung für Lebensmittel, die umwelt- und gesellschaftsverträglich hergestellt werden müssen, wird zunächst den Herstellern, den Händlern und der Politik zugeschrieben. Mehr und mehr nehmen aber auch die Verbraucher das Bewusstsein an, durch ihr Kauf- und Verwendungsverhalten einen Beitrag leisten zu können. Die Bereitschaft, dafür mehr Geld zu bezahlen, ist bei den besonders bei Food Investments zurückhaltenden Deutschen eher verhalten. Man unterstützt gerne umwelt- und gesellschaftsfördernde Angebote, wenn's nicht viel mehr kostet.

Die Chance für Food-Anbieter besteht deshalb insbesondere im Massengeschäft darin, die heute relevanten Verbrauchererwartungen bezüglich Umwelt und Gesellschaft (fairer Umgang mit Mitarbeitern und Geschäftspartnern, bei Fleischangeboten Achtung des Tierwohls, umweltverträgliche Produktion und Transporte, klare und ehrliche Information und Kommunikation, Vermeidung von chemischen Zusatzstoffen, wo immer möglich) konsequent umzusetzen und das auch aktiv zu kommunizieren – bei gleichzeitig moderaten Preiserhöhungen.

Verbrauchererwartungen konsequent umsetzen

Nachhaltiges Unternehmensverhalten und Wirtschaften sind zunächst keine Quelle für kurzfristig höhere Margen, sondern eine Chance für Wettbewerbsvorteile und Marktanteilsgewinne. Die Ernte fährt man erst langfristig ein.

Vertrauen, und darum geht es letztendlich, in ein Food-Angebot beziehungsweise das Unternehmen dahinter, ist kein Ergebnis von Aktionismus, sondern von transparentem, berechenbarem und verlässlichem langfristigen Verhalten.

Sind Sie bereit?

Die New Reality bringt also viele, zum Teil revolutionäre Herausforderungen mit sich, aber genauso viele großartige Chancen für neue Food-Angebote. Verbrauchernähe oder besser: Menschen- und Gesellschaftsnähe, Schnelligkeit im Sinne von schlanken Prozessen, Flexibilität in der Organisation, hohe verlässliche Produkt- und Servicequalität, eine digital-affine Unternehmenskultur, gelebte Verantwortlichkeit für das Wirtschaften, Transparenz nach innen und außen sowie hundertprozentig committete Mitarbeiter sind beste Voraussetzungen für zukünftige Erfolge.

Großartige Chancen

Ist Ihr Unternehmen bereit, in dieser New Reality erfolgreich zu agieren?

CHANGE

NEVER

ENDS

Food Trends &
Trend Scouting

„Die wahre Entdeckungsreise besteht nicht darin,
dass man nach neuen Landschaften sucht.
Sondern dass man mit neuen Augen sieht."

Marcel Proust

Service- statt Produktrevolution

Während kurzfristig Renovationen und kreative Promotion-Ideen das Wachstum stimulieren können (Verdrängungswachstum), sind langfristig an die Demografie angepasste und nutzenorientierte Produkte und Serviceangebote die Basis für nachhaltiges Wachstum im Food Business (neue Märkte beziehungsweise Marktsegmente entstehen). Solche neuen Serviceangebote sind hierbei nicht nur im Sinne von Beratung oder Bezahl-/Finanzierungs- **Service Benefits** modellen zu verstehen, sondern auch neue Absatzwege oder Angebotsformate spielen eine zentrale Rolle. Beispiele hierfür sind Kaffeekapseln (speziell das Nespresso-Konzept mit Direktbelieferung und Club-Service), TK-Kräuter oder geschnittene und gewaschene Salatmischungen im chilled Angebot. Wie man sieht: auch keine Produktrevolutionen (Kaffee, Salat und Kräuter gab es schließlich schon lange), aber verbraucherrelevante Service Benefits.

In gesättigten Märkten sind solche Service Benefits
häufig die entscheidenden Wertschöpfungen,
die neue Märkte oder Segmente begründen.

Germanized Taste

Wenn sich neue exotische Geschmacksrichtungen oder Gerichte am Markt zeigen und man mit seinem industriellen Angebot daran partizipieren möchte, muss sehr klar auf die potenzielle Zielgruppe geachtet werden. Hat man die wirklichen Kenner und anspruchsvollen Nachfrager im Auge, muss das Angebot so authentisch wie möglich sein (oft Nische, aber geringe Preissensibilität). Will man ein breiteres Volumen abdecken, sollte der „germanized taste" für das entsprechende Angebot entwickelt werden. So haben nur die wenigsten die Gelegenheit, ein Chili con Carne in Mexiko, eine Bihunsuppe in Indonesien oder selbst eine banale Pizza Margherita in Neapel im Original zu probieren. Oft ist auch das Angebot ausländischer Restaurants mit „originaler" Küche dem deutschen Gaumen angepasst – wirklich authentische Gerichte findet man sehr selten.

Exotisch ja – aber bitte nicht authentisch

> Will man die breite Masse an internationale Spezialitäten heranführen, müssen die exotischen Rezepte beispielsweise bezüglich Schärfegrad oder spezieller Kräuter und Gewürze „germanized" werden.

Der Deutsche gibt sich zwar nach außen gerne aufgeschlossen für neue Gerichte und Rezepte – das Essverhalten ist aber ausgesprochen konservativ und von erlernten Geschmacksmustern (zum Beispiel bezüglich Salzigkeit, Schärfegrad oder Kräuternote) geprägt. Man bedenke nur, wie lange es gedauert hat, bis Knoblauch in deutschen Küchen akzeptiert wurde – der nach wie vor auch heute noch ein No-Go für nicht wenige germanische Zungen (und Nasen) ist. Zudem ist ein Familienangebot immer von den Geschmacksdimensionen zu nivellieren – dem Kind soll es ja auch noch schmecken. Individuell nachwürzen kann man dann ja ohnehin noch ohne Weiteres, und das macht damit nicht selten den guten Geschmack zum eigenen Erfolg.

Neue Einflüsse aus fremden Küchen

Eine weitere Nachfrage nach ausländischen Gerichten wird zweifelsohne durch die wachsende Zahl der Zuwanderer entstehen. Gerichte aus Nordafrika und insbesondere Einflüsse aus der syrischen und libanesischen Küche könnten in den kommenden Jahren zu vielen Impulsen in der Restaurantszene führen. Das würde auch das Angebot an Food Products

in den Lebensmittelgeschäften und Online-Shops beeinflussen. „Halal" könnte dann ein wichtiges Verkaufsargument werden – auch im Supermarkt beziehungsweise Discounter. Denn wo werden die Hunderttausende von Zuwanderern zukünftig einkaufen? Wo werden sie die ihnen vertrauten Gewürze, Kräuter, Gemüse und Gerichte suchen?

Und welche Zutaten, Beilagen oder Gerichte werden die Deutschen davon für sich entdecken und in der Breite nachfragen? Denken wir nur an die Millionenmärkte für Spaghetti Bolognese, Pizza oder Kebap, für Gyros, Sushi oder Burger. All diese einst „internationalen Spezialitäten" findet man heute in der Breite in Restaurants, als Street Food oder in den Supermärkten Deutschlands.

Auch Pizza war einmal exotisch

Self Care

Self Care ist ein Megatrend der kommenden Jahre. „Gesund alt werden" wollen alle, und das mit möglichst wenig Aufwand. Convenience spielt also auch hier wieder eine zentrale Rolle. Zu einem gesunden Lebensstil gehört neben ausreichender Bewegung auch eine ausgewogene Ernährung. Reduzierte Ernährungsformen – vegan, makrobiotisch, Low oder No Carb und viele mehr – wird es auch weiterhin geben, doch es werden kleinere, wenn auch überwiegend rentable Marktsegmente bleiben. Wenn man aber bedenkt, dass insgesamt etwa 40 Prozent der Deutschen eine spezielle Ernährungsweise verfolgen (also in Form von verschiedenen Diäten, einer gluten- oder laktosefreien, veganen oder vegetarischen, generell „cleanen" oder anders bestimmten Ernährung), dann ist das ein hochattraktives Nachfragefeld für Spezialanbieter.

Spezielle Ernährung

flexitarisch

vegan

glutenfrei

vegetarisch

halal

laktosefrei

Zur vegetarischen beziehungsweise veganen Ernährung (insgesamt kann man dieser Gruppe etwa 4,5 Prozent Anteil an der Gesamtbevölkerung zumessen) muss noch hinzugefügt werden, dass langfristig aufgrund der aufwendigen und klimabelastenden Fleischproduktion sowie der ethischen Aspekte der Massentierhaltung eine zusätzliche Dynamik in dieses Angebotssegment kommen könnte. Auch die Diskussion über mögliche negative Auswirkungen eines zu intensiven Fleisch- und Wurstkonsums auf die Gesundheit wird die Suche nach und die Verwendung von Fleischersatzprodukten fördern.

Allgemeiner Rückgang des Fleischkonsums

> Zukünftig sind auch durch die erhöhten Anforderungen an Haltung, Aufzucht und Fleischqualität deutlich höhere Preise zu erwarten. Dann hat eine sinkende Nachfrage nach Fleisch weniger mit den Wünschen der Verbraucher zu tun, sondern könnte über den Preis zu einer nachhaltigen Veränderung des Konsumverhaltens führen.

Also wird der ein oder andere fleischfreie Tag zusätzlich pro Woche Einzug halten, und die sogenannten Flexitarier (nahezu ein Drittel der Bevölkerung zählt sich mittlerweile zu dieser Gruppe), die gerne mehr und mehr auf den Fleischkonsum verzichten, aber eben nicht ganz, werden an Bedeutung gewinnen. Ein guter Trend, denn wenn Fleisch wieder zu etwas Wertvollerem wird, ist man auch bereit, etwas mehr dafür zu bezahlen, und wird gute Qualität nachfragen.

Natürlich und transparent

Das große Geschäft winkt, wenn man es schafft, Food-Angebote mit gutem Geschmack und unbedenklichen, wenn möglich wenig prozessual veränderten Bestandteilen auf den Markt zu bringen. Und das zu einem akzeptablen Preis, sodass sich breite Schichten der Bevölkerung diese Produkte leisten können. Auch wenn es oft weniger aufwendig ist, als man denkt, scheuen doch viele Menschen das Kochen mit frischen Zutaten. Fehlendes Koch-Know-how, das nahezu täglich notwendige Einkaufen frischer Zutaten und der damit verbundene Zeitaufwand sowie die häufig anfallenden Reste der frischen Zutaten sind die Hürden, die Chancen für die Food-Industrie eröffnen.

Kochhürden eröffnen Chancen

Verbraucher suchen heute Produkte, die gut (natürlich, vertraut) schmecken, keine denaturierten Zutaten enthalten und klare, verständliche Informationen in Wort und Bild auf den Verpackungen bieten. Zudem muss der Aufwand der Verwendung (Zubereitungsweise und -zeit) klar erkennbar sein. Gut zu lesende Angaben über Nährwerte sind ebenfalls Pflicht. Auch die Verpackungen müssen Transparenz (Sichtfenster u. ä.) und Natürlichkeit kommunizieren. Dann kann der Verbraucher das Food-Angebot perfekt in seinen Lifestyle einplanen.

Was wirklich zählt

Modernes Kochen ist „in"

Kochen ist keineswegs out, sondern wird in den nächsten Jahren an Bedeutung gewinnen. Es wird zwar nicht häufiger zu Hause gekocht, aber diejenigen, die Koch-Know-how besitzen, werden keinen Mangel an Anerkennung und Wertschätzung haben. Kochkompetenz wird mehr und mehr zum Statussymbol. Auch die professionelle Ausstattung der Küchen unterstützt diese Entwicklung. Neue, schonende Garmethoden, hochwertige Zutaten, kostenintensive Küchengeräte und nicht zuletzt die Bereitschaft zu langwierigen Kochprozessen (Slow Food) – all dies unterstreicht die neue Lebensqualität all jener, die die Motivation, die Finanzkraft und die Bereitschaft haben, den Aufwand zu betreiben.

> Gespräche über gutes Essen und eine qualitativ hochwertige Ernährung werden zunehmend wichtiger als bisherige Profilierungsthemen.

Die Spitze der Maslowschen Bedürfnispyramide – die Selbstverwirklichung – wird mit dem Basisbedürfnis Ernährung verbunden. Keine schlechte Entwicklung!

Das Food Business für Produkte und Services zur häuslichen Ernährung wird davon profitieren. Es wird zu einem Wachstum von höherwertigen Food-Angeboten kommen. Die Menschen werden von Montag bis Donnerstag nach wie vor auf preiswerte Food Solutions setzen (siehe auch den Exkurs zu Convenience ab Seite 20), aber von Freitag- bis Sonntagabend und an Special Days im Laufe des Jahres wird an nichts gespart. Dann sucht man für attraktive Rezepte authentische Zutaten: hochwertiges Fleisch (am besten mit einer spannenden Geschichte über Herkunft, Aufzucht, Fütterung und tiergerechter Schlachtung), frisches Gemüse (idealerweise vom Bauern vor Ort oder aus der dafür besten Region der Welt) oder reinste Gewürze (die auch noch auf natürliche Weise dem Körper gut tun). Und dann wird in der Hightech-Küche perfekt zubereitet. Eine große Chance für hochwertige Lebensmittel.

Aber in vielen Fällen darf auch ein bisschen Convenience erlaubt sein: Das vorbehandelte Fleisch, das schon geschnittene Gemüse, der fertige Fond, die perfekte Gewürzmischung – alles aus natürlichen und hochwertigen Bestandteilen – wird ebenfalls Wachstumspotenzial eröffnen.

Kochhilfsmittel sind ein sehr großes Nachfragefeld, das wird auch in Zukunft so bleiben. Aber das Wachstum wird qualitativ sein, die Anzahl der Kochsituationen wird sinken.

Haben unsere Eltern Kochen noch als Zubereiten von mehreren Menübestandteilen auf mehreren Herdplatten verstanden, wird heute von vielen Menschen bereits das Aufbacken von Pizza, das Erwärmen von Ravioli aus der Dose oder das Aufkochen einer Fertigsuppe als Kochprozess erlebt. Den größten Teil des heutigen Kochens kann man als Simple Cooking bezeichnen: montags bis freitags, mit einer Dauer von maximal einer halben Stunde und idealerweise mithilfe von nicht mehr als zwei Töpfen oder Pfannen – oder am besten gleich im Ofen. Frische Zutaten ja, aber bitte nur solche, die man in jedem Supermarkt kaufen kann oder sowieso zu Hause hat.

Diese Kochleistung darf man auf keinen Fall unterschätzen, hier spielt sich ein hochemotionaler Prozess innerhalb einer Gemeinschaft (Familie, Partner, Freundeskreis) ab. Das ist für uns Marketers wichtig zu verstehen, denn neben dem funktionalen Aspekt des Kochens spielt auch das persönliche Involvement der Person, die das Essen zubereitet, eine wichtige Rolle. Die Anerkennung für den Koch – in den meisten Fällen die Köchin – durch den oder die Bekochten ist ein wichtiger Faktor für die Beurteilung des Food Products.

Auch einfachstes Kochen für andere wie das Erwärmen einer Dosensuppe oder das Aufbacken einer Fertigpizza möchte belohnt werden und hat eine wichtige emotionale Dimension. Gelingt das gut, wird die Produktleistung akzeptiert – und der „Koch" ist der Gewinner.

Oft wird das Fertigprodukt noch individuell ein wenig abgewandelt, indem beispielweise der Suppe ein paar Kräuter oder der Pizza einige frische Chiliringe hinzugefügt werden, wodurch das Kochergebnis noch mehr zu dem des Kochs wird. Lob und Anerkennung für das gute Essen gehen an ihn – selbst wenn man „nur" für sich selbst kocht.

Übrigens hat das Internet mittlerweile die Rolle des Inspirators und Lieferanten für Kochideen übernommen. Laut einer aktuellen Nestlé-Studie suchen mehr als 56 Prozent der Kochinteressierten im Netz nach Anregungen und Rezepten. Diverse Websites bieten Tausende von Rezepten an, Zubereitungshinweise, Bilder und Testberichte anderer User inklusive. Wer lesen kann, kann heute also auch kochen. Oder es zumindest versuchen.

Digitale Chancen

In Verbindung mit den digitalen Medien und insbesondere mit der Penetration durch mobile Endgeräte (Smartphones und -watches, Fitness Tracker) wird das Ernährungsmanagement per App den Trend zur Self Care stark forcieren.

Nicht unrealistisch ist sicher die Vorstellung, dass zukünftig Wearables wie Smart Glasses (wie beispielsweise das Konzept der Google Glass schon andeutete) unsere Essensaufnahme registrieren und die Lebensmittel **Ernährungskontrolle** analysieren – natürlich alles vollkommen automatisch –, sodass wir ständig ohne spezifische Eingaben über unsere Kalorienaufnahme und die Nährwertbilanz informiert

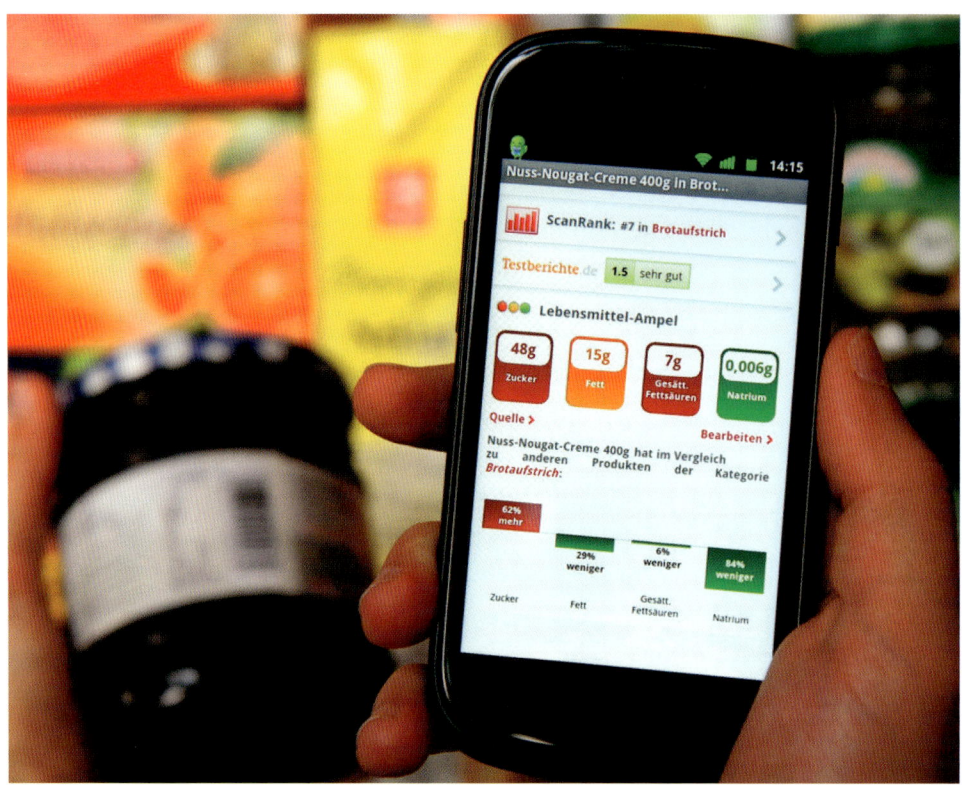

sind. Das wäre der perfekte Convenience-Grad für Menschen, die ihre Ernährung systematisch steuern möchten.

Das heißt also, dass ein Besuch der Dmexco ebenso bedeutend ist wie ein Besuch der Anuga. Denkt man über komplett neue digitale Geschäftsmodelle im Food Business nach, sind Partnerschaften mit den Top Playern der digitalen Welt (von Google bis Amazon) absolut sinnvoll. Auch eine enge Verbundenheit mit den Start-ups im Silicon Valley kann langfristig strategisch große Vorteile bringen.

Anbieter eines zeitgemäßen Ernährungsmanagements werden vor allem die Unternehmen sein, die ein entsprechendes seriöses Ernährungs-Know-how aufbauen können. So kann ein Nutzer beispielsweise einfach eine Ernährungs-App personalisieren und dem Anbieter somit Informationen zur Verfügung stellen. Werden diese Daten dann sinnvoll zu seinem Nutzen verwendet, ergibt sich eine Win-win-Situation für beide Seiten. Dies wird zu nachhaltiger Loyalität zu den jeweiligen Anbietern führen und im Idealfall eine langjährige Partnerschaft begründen.

Win-win-Situation für Anbieter und Nutzer

Smoothfood

Getrieben von der demografischen Entwicklung in Deutschland wird sich auch ein weiteres interessantes Food-Nachfragefeld entwickeln, das man heute noch als Nische bezeichnen kann: Smoothfood. Die zunehmend älter werdende Bevölkerung hat ganz eigene Bedürfnisse – so bekommen viele Menschen, ob zu Hause oder in einem Seniorenheim, im Alter Kau- und Schluckbeschwerden. In zehn bis zwanzig Jahren könnten das durchaus an die zehn Millionen Menschen sein. Für sie müssen adäquate Ernährungsangebote zur Verfügung gestellt werden. Neben Trinknahrung (zum Beispiel Smoothies) wird man zukünftig auch Fleisch, Gemüse oder Pasta in Originalform und -geschmack, aber in weicher Konsistenz anbieten können. Erste Entwicklungen gibt es dafür schon. Man zerlegt dafür das Ausgangsprodukt in kleinste Teile und setzt es mit entsprechenden, gesundheitlich unbedenklichen Kleb- und Füllstoffen zusammen. Das klingt

Neue Ernährungsangebote

zunächst einmal nach Formfleisch und Chemie und nicht gerade appetitlich. Wenn aber die Bestandteile dieser neuen Food-Angebote mit qualitativ wertigen Zutaten hergestellt werden, wird sich diese Angebotsform durchsetzen. Und Menschen mit Kau- und Schluckbeschwerden werden diese „weichen" Produkte sicher dankbar annehmen.

Vorstellbar sind in diesem Format auch ernährungsbedingt spezifisch angereicherte Food Products. Bestimmte besonders benötigte Nährstoffe – Vitamine, Mineralien, Spurenelemente & Co. – könnten diesen Produkten bei der Zusammensetzung zugeführt werden. Mangelerscheinungen könnte man damit vorbeugen.

> Hochwertige Zutaten, authentischer Geschmack und
> wichtige Nährstoffe, das alles in weicher Konsistenz:
> nicht gerade verführerisch für Frische-Enthusiasten,
> aber für viele insbesondere ältere Menschen
> wird eine solche Ernährung sicher hilfreich sein.

Sehr futuristisch, aber keinesfalls unrealistisch klingt auch die Option, zur Herstellung dieser „weichen" Produkte die Technologie der 3D-Drucker zu nutzen. Füllt man beispielsweise die zerkleinerte Masse einer Hühnerbrust mit natürlichen Gewürz- und Klebstoffen (eventuell auch, wie bereits erwähnt, angereichert mit diversen Nährstoffen) in einen solchen Drucker und erhält am Ende eine formstabile Hühnerbrust (mit weicher Konsistenz), so kann das durchaus eine Verbesserung der Ess- und Lebensqualität der beschriebenen Zielgruppe sein. Das Essen mit Messer und Gabel beziehungsweise Löffel ist immerhin auch ein Ausdruck von verbliebener Würde. Denn: Wer trinkt schon gerne die letzten Jahre seines Lebens sein Mittagessen?

Hühnerbrust aus dem 3D-Drucker

Food Trends – und die Rolle der Discounter

Wie deckt man eigentlich Food Trends auf? Mein Rat dazu lautet: Probieren Sie Neues aus, wann immer sich die Gelegenheit dazu bietet, und schauen Sie sich ständig nach Neuem um. Ein guter Food Marketer lebt seinen Job nicht nur während der offiziellen Arbeitszeit. Die Food-Welt außerhalb des eigenen Unternehmens ist spannend und voller inspirierender Ideen.

Kreative Restaurants, trendige Gemüse oder Getränke,
Kochshows, Food-Zeitschriften, angesagte Reiseländer,
neuartige Küchengeräte – überall lauern
neue Produkt- und Serviceideen.

Dann stellt sich meist die Frage: Ist die Nachfrage für ein industriell hergestelltes Angebot schon groß genug? Geht es um einen geschmacklichen Food-Trend oder um einen Big Change, der die Spielregeln des Marktes komplett verändern kann?

Wir haben beispielsweise die Hard Discounter gescreent, ob sie ein trendiges Produkt im Sortiment aufgenommen haben. Wenn dem so war, konnten wir davon ausgehen, dass es in der Breite der Bevölkerung angekommen war. Als die Discounter begannen, TK-Lachs anzubieten, war die Zeit reif für Ergänzungsprodukte zur Lachszubereitung (Saucen, Aufläufe,

Discounter als Wegweiser

Kräutermischungen) zu Hause. Lachs war jetzt kein elitäres Feiertagsgericht mehr, sondern wurde auch von Durchschnittshaushalten mehrfach im Jahr oder gar im Monat zubereitet. Aus einer Nische wurde in kürzester Zeit ein Massenmarkt. Ähnliches gilt für Mozzarella, Balsamico-Essig oder Shrimps. Erst als die Discounter diese Spezialitäten ins Sortiment aufgenommen hatten, wurden aus Exoten in der Breite der Bevölkerung akzeptierte Lebensmittel, zu denen man nun passende Ergänzungsprodukte entwickeln und vermarkten konnte. Man kann sagen: Aldi & Co. haben vielen exotischen Lebensmitteln zum Durchbruch in Deutschland verholfen.

Trendküchen findet man auch mehr und mehr bei dem Besuch von regionalen Food-Messen, Street-Food-Veranstaltungen und in den Angeboten der Food Trucks in den deutschen Großstädten. Hier werden neben frischen regionalen Zutaten

und traditionellen Gerichten beispielsweise auch Spezialitäten aus der Tex-Mex-Küche, der kreolischen und der Cajun-Küche angeboten.

Oft schauen Marketers nur auf ihre Kategorien und ihre Markenwelt. Die Herausforderung für langfristig erfolgreiche Absätze des eigenen Food-Angebotes kommt aber auch von angrenzenden und neuen Märkten.

Nehmen wir nur das Wachstum der Home Deliveries – wie viele Kochoptionen wurden dadurch in den letzten Jahren substituiert? Wie viele klassische Abendessen zuhause wurden durch den Pizza-Service verdrängt?

Oder betrachten wir den Erfolg des Thermomix-Gerätes: Ein convenientes Kochgerät, das schon in 10 Prozent aller Haushalte steht und jetzt durch die Vermarktung einer preiswerten Variante durch die Discounter sicher noch deutlich an Penetration gewinnen wird. Erneut könnten die Discounter einen kleinen Wachstumsmarkt groß machen. Welche Auswirkungen hat dieses Kochgerät auf das Kochverhalten der Deutschen? Wird jetzt wieder mehr zuhause gekocht? Welche Lebensmittel passen zu dieser Zubereitungsmethode? Welche werden wahrscheinlich dadurch ersetzt?

Angrenzende Märkte beobachten

Diese „externen" Einflüsse können zu einem Big Change im Markt führen, sie können im Zweifelsfall existenzgefährdend für das eigene Angebot werden. Oder sie schaffen eine neue Innovations- und Absatzchance – wenn man sie rechtzeitig erkennt und konsequent darauf reagiert.

Übung: Attack Yourself

Exkurs

Diese Übung, auch sehr martialisch als „Wargaming" bekannt, ist ein radikaler, aber durchaus sinnvoller Innovationstreiber. Versetzen Sie ein Team, deren Mitglieder aus verschiedenen Unternehmensbereichen kommen, in die Lage Ihres wichtigsten Wettbewerbers und lassen Sie es Ihr eigenes Unternehmen attackieren. Detaillierte Anleitungen, wie ein solcher doch recht komplexer Prozess genau abzulaufen hat, finden Sie in der einschlägigen Literatur oder online.

Diese Übung ist außerordentlich aufschlussreich, denn der Angriffsplan Ihres Teams zeigt die Schwachstellen Ihrer derzeitigen Marktposition auf. Üblicherweise führt das zu Neuerungen in verschiedenen Unternehmensbereichen:

- Produktinnovationen und -Renovationen,
- Werbe- und Verpackungsoptimierungen,
- Neubewertung des Technik- und Produktions-Know-hows,
- Anpassungen in der Vertriebsstrategie etc.

Größtes Hindernis bei der Umsetzung dieser Aspekte ist oft die Unternehmensleitung selbst: „Es läuft doch gerade alles so gut! Wir substituieren ja unser rentables Geschäft selbst durch diese (vielleicht nicht ganz so gut zu kalkulierenden) neuen Produkte!" Aber: Wenn Sie es nicht selbst machen, macht es möglicherweise ein Wettbewerber, und dann sind Sie in der Defensive und haben keine Kontrolle mehr über den Prozess. Wenn Ihr Unternehmen Marktführer und/oder Innovationsführer ist, ist hinterherzulaufen keine Option.

Challengen Sie Ihr Unternehmen regelmäßig! Nach meiner Erfahrung ist diese sehr aufwendige und zeitintensive Übung im Food Business etwa alle zwei bis drei Jahre sinnvoll.

Lang- und kurzfristige Trends

Wenn Sie die Marktforschung zur Suche nach neuen Angebotsideen nutzen wollen, dann achten Sie sehr genau darauf, ob Sie über das effektive Verhalten der Menschen informiert werden oder über das, was sie reden. Das geht nämlich oftmals gewaltig auseinander, und sein Verhalten (Ess- und Einkaufsverhalten) ändert der Mensch selten kurzfristig. In

Marktforschungsuntersuchungen oder auf der Straße äußern die Befragten gerne das, was sozial erwünscht ist. Beispielsweise lehnen zwei Drittel der Deutschen Fleisch aus Massentierhaltung ab, allerdings kaufen nur weniger als 5 Prozent Bio-Fleisch.

Wenn Sie Innovationsanregungen für kurz- bis mittelfristig neue Angebote suchen, achten Sie auf die gelernten Gewohnheiten und das fest verankerte Verhalten der potenziellen Zielgruppe. Sehr oft ist man sonst seiner Zeit voraus und überfordert die aktuellen Verbraucherwünsche.

Wollen Sie die längerfristig interessanten Trends bedienen, dann sind die Meinungen und Einstellungen der heutigen Konsumenten dagegen der zentrale Treiber: So würde man sich ja gerne ernähren, so würde man gerne essen und trinken. Sie zeigen auf, in welche Richtung ihre Innovationsbestrebungen gehen sollten, um dann, zum hoffentlich richtigen Zeitpunkt, den beginnenden Trend perfekt zu bedienen beziehungsweise zu pushen.

Meinungen zeigen die Richtung an

Employee Quality Is Key

„Selig, wer sich vor seinen Untergebenen
so respektvoll benimmt,
wie wenn er vor seinem Vorgesetzten stünde."

Franz von Assisi

Das ideale Team

Voraussetzung einer erfolgreichen Marketingarbeit im Food Business sind die Menschen, die Sie in Ihr Team berufen. Eine gute fachliche Ausbildung, hohe soziale Kompetenz, eine ausgeprägte Liebe zu gutem Essen und Trinken, höchste Akzeptanz für die Produkte beziehungsweise die Marken Ihres Unternehmens und ein gewisses Maß an kulinarischer Kreativität sollte jeder Mitarbeiter mitbringen. Achten Sie bei der Auswahl eines potenziellen neuen Marketing-Kollegen mehr auf die Persönlichkeit als auf die Papiere. Der langjährige erfolgreiche Nestlé-Chef Helmut Maucher hat das einmal so formuliert:

Persönlichkeit zählt mehr als Papiere

„Look more in their eyes than in their files!"

Auch sollten die Mitglieder Ihres Marketing-Teams zum Markenimage passen. Eine Premiummarke verlangt andere Typen als eine Volksmarke. Die Marketers sollten in der Lage sein, alle Handlungen immer im Sinne der Zielgruppe und der Marke auszurichten. Nicht selten neigen vor allem unerfahrene Marketers dazu, Produkte, Services oder

Der Köder muss dem Fisch schmecken

Kommunikation für sich selbst zu machen – sie glauben, was ihnen gefällt, gefällt auch den potenziellen Käufern. Aber der Köder muss nicht dem Angler schmecken, sondern dem Fisch.

Interessant ist in diesem Zusammenhang auch die Frage: Stelle ich mein Marketing-Team so zusammen, dass es meine Zielgruppe repräsentiert? Aus der Erfahrung meiner Zeit als Marketing-Chef der Maggi GmbH weiß ich, wie wertvoll es ist, die Verbrauchermeinung permanent im Arbeitsprozess am Tisch (Topf) zu haben, denn genau diese Funktion hat das Maggi Kochstudio inne. Damit sind von Anfang an die Verbraucherinteressen vertreten gewesen, was sich bei Verpackungsinformationen, Produkt- und Zubereitungs-Handling oder auch Neuproduktentwicklungen bewährt hat.

Verbraucher mit am Tisch

Nun kann sich nicht jedes Food Marketing einen solchen unabhängigen eigenen Verbraucherbeirat permanent leisten, aber es gibt auch sehr gute externe Beratungsagenturen mit eigenen Küchen und Kochexpertinnen beziehungsweise -experten. Die Nutzung solcher Partner kann das Know-how Ihres Marketing-Teams deutlich erhöhen.

Spannend wird auch hier wieder die demografische Entwicklung unserer Gesellschaft und die daraus resultierende zukünftige Entwicklung der passenden Food-Angebote. Eigentlich würde es unseren Marketing-Teams gut tun, auch ein paar ältere Kolleginnen und Kollegen einzubinden. Aber häufig wird hier auf junge Menschen gesetzt. Vielleicht ist es an der Zeit, Verbraucherbeiräte mit Mitgliedern im Alter von 60 plus zu etablieren, denn in diesem Alter verabschieden sich ja viele Mitarbeiter schon in den Ruhestand.

Die Wichtigkeit älterer Team-Mitglieder

Ein großer Verlust – denn neben der Erfahrung verliert man dadurch auch die Nähe zu den natürlichen Verbraucherbedürfnissen in diesem Alter, die sonst alltäglich mit in den Arbeitsprozess einfließen könnten.

Für langfristige Wettbewerbsvorteile ist auch ein hohes Maß an kulinarischer Kreativität in Ihrem Team notwendig. Das macht den Unterschied im Innovationswettlauf. Paaren Sie diese Kreativität mit Kollegen, die über ein hohes Maß an Erfahrung und einen ordentlichen Schuss Pragmatismus verfügen. Diese Kombination hat in meinen Teams zu guten Innovations- und Renovationsergebnissen geführt.

Unabdingbar: kulinarische Kreativität

Diversität ist ohnehin ein wichtiger Erfolgsfaktor fürs Marketing. Erfahrene ebenso wie frische, mutige Mitarbeiter, eine gute Gender Balance, Kollegen aus dem Ausland, Produkt- wie Kommunikations-Know-how, Analytiker und Kreative – all das macht ein gutes Marketing-Team aus. Ich habe auch immer Wert darauf gelegt, bei Neubesetzungen Mitarbeiter zu engagieren, die Schwächen im Team ausgleichen konnten und nicht die vorhandenen Stärken verstärkt haben. Zudem habe ich Product Managements mit hoher analytischer und starker Planungskompetenz bei anstehenden Neubesetzungen kreative, dynamische Kollegen zugeordnet und umgekehrt. Diese Bandbreite und Energie im Team haben zu guten Gesamtergebnissen geführt.

Vielfalt im Team

Ein guter Marketer sollte auch über eine ausreichende Vertriebserfahrung verfügen, im klassischen Retail ebenso wie im Direktgeschäft beziehungsweise E-Commerce. Sorgen Sie durch Stagen oder Weiterbildungsmaßnahmen für dieses

Know-how in Ihrer Mannschaft, falls es nicht vorhanden ist. Nur mit diesem Vertriebsverständnis treffen die Marketers die richtigen Entscheidungen im Produktentwicklungsprozess und können auch mit Kompetenz und der richtigen Sprache die Vertriebskollegen von ihren neuen Produkten, Services, Promotions oder Kommunikationsmaßnahmen hundertprozentig überzeugen.

Das Marketing Ihres Teams ist nur so gut, wie die Zusammenarbeit mit dem Vertrieb funktioniert. Das gesamte Generating Demand Team muss Hand in Hand arbeiten, damit die Vermarktung der Produkte und Services reibungslos funktioniert. Die anscheinend naturgegebene **Abteilungsübergreifende** Skepsis zwischen diesen beiden Unternehmens- **Zusammenarbeit** bereichen müssen Sie organisatorisch und durch intensive Job-Rotation überwinden. Nur dann können Sie die volle Vermarktungspower Ihres Unternehmens im Wettbewerb nutzen.

Mitarbeiterentwicklung

Um Ihre Mitarbeiter weiterzuentwickeln, gibt es diverse Wege. Neben dem Aufstieg in höhere Verantwortungsbereiche (vertikale Entwicklung) sind auch das Vertiefen und Erweitern der Kompetenzen in horizontaler Richtung wertvoll für Mitarbeiter und Unternehmen. Während beim Vertiefen der Kompetenzaufbau im gleichen Bereich **Horizontale** ansteht, sollte das Erweitern des Know-hows **Karriereschritte** sich auf verwandte Bereiche ausrichten. Mit dem Know-how-Gewinn des Mitarbeiters muss sich auch das Gehalt entwickeln, sonst wird ein solcher Sidestep als nicht attraktiv empfunden und die größtmögliche Motivation nur bei vertikalen Mitarbeiterentwicklungen ausgelöst.

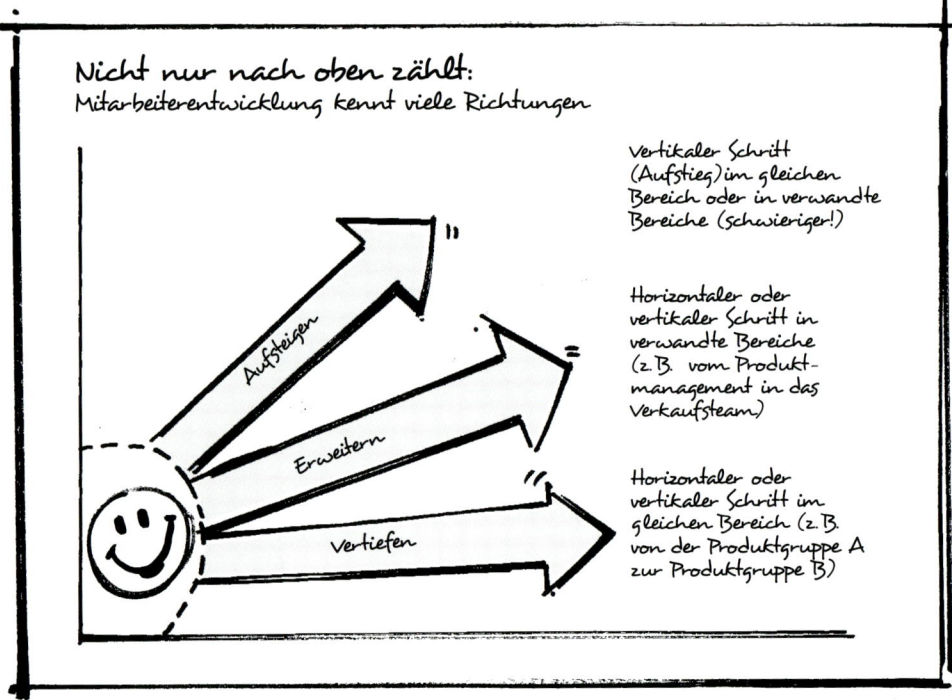

Nicht nur nach oben zählt:
Mitarbeiterentwicklung kennt viele Richtungen

Aufsteigen

Erweitern

Vertiefen

Vertikaler Schritt (Aufstieg) im gleichen Bereich oder in verwandte Bereiche (schwieriger!)

Horizontaler oder vertikaler Schritt in verwandte Bereiche (z. B. vom Produktmanagement in das Verkaufsteam)

Horizontaler oder vertikaler Schritt im gleichen Bereich (z. B. von der Produktgruppe A zur Produktgruppe B)

Ein Unternehmen lebt nicht nur von der Qualität in der Spitze, sondern erheblich von der in der Breite des Teams.

Geben Sie Ihrer Marketing-Abteilung viel Freiraum. Dies ist Ihre Kreativschmiede, dort arbeiten idealerweise die Freigeister Ihres Unternehmens. Fördern Sie das, behindern Sie es nicht durch zu viel Administration und Rechtfertigungsmaßnahmen. Die höchste Motivation eines Marketers sind Freiraum und Selbstständigkeit. Ich habe in meinen Teams immer Wert auf eine solide fachliche Basis gelegt und die Zusammensetzung gesteuert. Dann kann man gemeinsam die Ziele festlegen – und loslassen. Delegation ist eine starke Motivation, nirgendwo mehr als im Marketing. Die Dynamik in selbstständig agierenden Marketing-Teams kann tolle Ergebnisse erzielen – versuchen Sie es!

Freiraum für Freigeister

Welche Persönlichkeiten passen ins Team?

Auf welche besonderen Eigenschaften sollte man bei jungen Marketers achten, damit sie langfristig in der New Reality zum Geschäftserfolg beitragen? Neben der erwähnten kulinarischen Kreativität (welche oft den Wettbewerbsunterschied ausmacht) sind dies vor allem:

- fachliche Kompetenz,
- Agilität,
- schnelles und effizientes Handeln,
- Mut/Risikobereitschaft (keine Angst vor der Ungewissheit und Fehlern) sowie
- eine digitale DNA.

Diese Eigenschaften kann man auch bei jungen Mitarbeitern schnell bewerten, wenn man Plattformen schafft, auf denen sich die noch unerfahrenen Marketers präsentieren können (Projekt-Teams, Präsentationen auf Vertriebsveranstaltungen, GF-Sitzungs-Präsentationen u. ä.).

Junge Mitarbeiter motivieren

Lassen Sie nicht immer nur die „Chefs" agieren und präsentieren. Geben Sie jungen Menschen in Ihrem Unternehmen oder Ihrem Bereich eine Bühne! Das zeigt Ihnen nicht nur deren Qualifikation und Talent, sondern ist ein unglaublich starkes Motivationsmittel (Wahrnehmung und Anerkennung).

Ein letzter Hinweis zur Persönlichkeit Ihrer Marketing-Mitarbeiter, besonders zur Auswahl der Führungskräfte: Ich hatte schon erwähnt, dass die Art Ihres Angebotes auch durch die Persönlichkeit ihrer Mitarbeiter repräsentiert wird (zum Beispiel Premium vs. Mass Product). Achten Sie auch auf die Ästhetik Ihrer Marke beziehungsweise Firma. Nach meiner Erfahrung prägen auch das Geschmacksempfinden und der Stil Ihrer Marketing-Mitarbeiter mit der Zeit das Image Ihrer Marke oder Angebotes. Produkt-Manager und Marketing-Chefs neigen dazu, ihr ästhetisches Verständnis in die Auswahl von Packaging Designs und Kommunikationsauftritte einfließen zu lassen. Solange das konform mit der Markenpersönlichkeit geht, ist alles prima. Aber wenn Ihr Food-Angebot nach ein oder zwei Jahren auf einmal aussieht wie „Herr Müller", haben Sie möglicherweise ein Problem.

Auswahl der Führungskräfte

Achten Sie besonders sensibel darauf, die richtige Persönlichkeit auf diese zentralen Markenverantwortlichkeiten zu setzen. Sonst wird aus Ihrem Brand Manager möglicherweise ein Brand Damager.

Spannend bleibt auch die Frage, was einen zukünftigen Marketingleiter besonders auszeichnen sollte und welche Rolle er in der Unternehmensführung einnehmen wird. Neben der schon erwähnten Erfahrung in anderen unternehmerischen Funktionen wie beispielsweise dem Verkauf sind Top-Kenntnisse im digitalen Kommunikationsbereich notwendig. Der Chef des Marketings muss die vielen Kommunikations-, Akzeptanz- und Absatzchancen Ihres Angebotes perfekt orchestrieren können, also sowohl Produkt- als auch Unternehmenskommunikation effizient und fokussiert steuern.

> Das Unternehmen und seine Marken beziehungsweise Produkte müssen mit einem klaren Profil geführt werden – nach allen Seiten, nach innen und nach außen.

Eine weitere große Aufgabe für den Marketing-Chef muss auch sein, die breite Einbindung der Digitalisierung unserer Welt in Organisation und Kultur seines Unternehmens voranzutreiben. Seine Bedeutung für das Unternehmen wird deshalb in den nächsten Jahren **Komplexere Aufgaben** meines Erachtens steigen, denn die komplexer werdenden Prozesse von Produktentwicklung, Absatzsteuerung und Kommunikationsoptimierung in der analogen und digitalen Welt erfordern hohe Kompetenz und eine zentrale Rolle in der Unternehmensführung.

Behavioural Branding

Die Mitglieder Ihres Marketing-Teams sollten sowohl inner- als auch außerhalb des Unternehmens als überzeugte Botschafter Ihrer Marke beziehungsweise Ihrer Produkte auftreten. Dieses

Behavioural Branding ist heute wichtiger denn je. Wenn man bei Unternehmen und Marken mehr und mehr „hinter die Kulissen" schaut und dort die realen Menschen des Unternehmens zu Wort kommen lässt, dann ist es von großem Vorteil, wenn diese überzeugt und begeistert von ihrer Firma sprechen. Wie wollen Sie erfolgreich andere Menschen von Ihrer Marke oder Ihren Produkten überzeugen, wenn selbst die eigenen Mitarbeiter kritisch oder gar negativ darüber denken und reden?

Ihr Team als Markenbotschafter

Wenn Ihre Mitarbeiter private Kontakte mit Nachbarn, in Vereinen oder beispielsweise bei Elternabenden pflegen, wird nicht selten über Ernährung und „gute" oder „schlechte" Lebensmittel gesprochen. Wie wertvoll ist es dann, wenn Ihr Unternehmen und Ihr Food-Angebot überzeugend von Ihren Mitarbeitern vertreten werden?

Ihre Marketing-Manager sollten auch für die interne Überzeugungsarbeit sensibel sein – eine gute Kommunikation nach innen über am Markt erfolgreiche Produkte, Erfolge bei der Qualitätsarbeit, gelungene Werbekampagnen oder Preise für Innovationen und nachhaltiges Wirtschaften, kostenlose Produktproben oder -verkostungen führen zu Freude und Stolz an der Mitarbeit. Und das fördert auch die Bereitschaft Ihrer Kollegen, als Markenbotschafter aufzutreten und sich zu Ihrem Unternehmen zu bekennen.

Dieses Verhalten müssen Ihre Marketing-Leute vorleben – und dieses Behavioural Branding können Sie von Ihrem Team auch erwarten.

Auch beim offiziellen Kontakt Ihrer Mitarbeiter nach Außen (Verkauf, Einkauf oder Consumer Service) sollten Sie auf die richtige Einstellung zu Ihrem Unternehmen achten. Jeder einzelne persönliche Kontakt sagt etwas über die Kultur in und die Verbundenheit mit Ihrem Unternehmen aus.

Setzen Sie nicht auf allzu vorgefertigte Antworten bei Verbraucheranfragen. Natürlich muss ein Unternehmen sich in gewisser Weise rechtlich absichern und seine Mitarbeiter beispielsweise im Verbraucher- beziehungsweise Kundenservice entsprechend schulen, aber nach meiner Erfahrung gehen eine Menge Antworten von Unternehmen an den konkreten Anfragen der Verbraucher vorbei. Authentizität und Glaubhaftigkeit sind insbesondere emotional wahrgenommene Eindrücke, und diese hängen sehr von Sprache und Ausdruck der antwortenden Personen ab.

4 Innovation und nachhaltiges Wachstum

„Nichts ist mächtiger
als eine Idee zur rechten Zeit!"

Victor Hugo

Mut zu Innovationen

Die wichtigsten Erfolgsfaktoren für Innovation sind Creativity und Execution. An diesen beiden Faktoren scheitern aus meiner Erfahrung die meisten Food-Innovationen, wenn es denn überhaupt welche waren. Oft sind Innovationen lediglich Renovationen, Line Extensions mit geringem Neuigkeitswert, die deshalb zu Recht an Attention und Trial bei Handel und Verbraucher scheitern – etwa zwei Drittel aller Food-Innovationen überleben das zweite Jahr nicht. Schafft man es durch eine starke Vermarktungspower, diese ersten beiden Phasen des Customer Channels trotzdem erfolgreich zu managen, bringt die Pseudo-Innovation dann häufig zu wenig Zusatznutzen im Vergleich zu den bisherigen Angeboten. Das neue Angebot hat dann nicht die Kraft, das alte Verwendungsverhalten nachhaltig zu verändern – die Repurchases bleiben aus. Aber darauf kommt es an!

Oft nur Pseudo-Innovationen

Wirkliche Innovationen verändern das Kaufverhalten nachhaltig. Sie kreieren neue Segmente, im besten Fall neue Märkte.

Um das zu erreichen, müssen wirklich radikale verbraucher-relevante Neuerungen in Produkt- und/oder Serviceleistung auf den Markt gebracht werden. Das erfordert in der Entwicklungs- und Umsetzungsphase Mut, Investitionen und Konsequenz. Aufgrund dieser oft halbherzig umgesetzten Faktoren werden gute revolutionäre Ideen oft in Renovationen umgewandelt. Man versucht, Unsicherheit in Berechenbarkeit zu transformieren. Grund für diese Umwandlung sind häufig organisatorische Restriktionen. Je größer und durchorganisierter ein Unternehmen ist, umso schwieriger findet eine wirklich gute Idee ihren Weg auf den Markt. Zu viele Personen, Abteilungen und Regeln stehen im Weg. Die Kreativität wird rundgeschliffen und administriert – oha. Bei mehr als drei Milestones (Entscheidungspunkten mit Beteiligung der Unternehmensführung) im Entwicklungsprozess endet häufig die Kraft der

Mut, Investitionen, Konsequenz

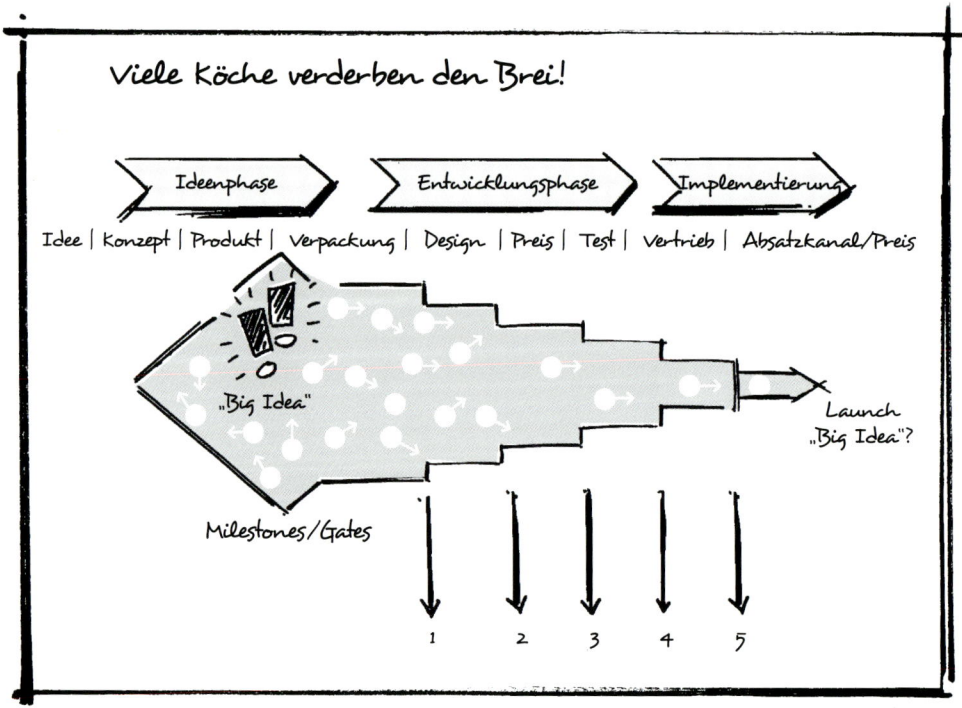

ursprünglichen Idee. Versuchen Sie, als Entscheider nicht erst im dritten, vierten oder fünften Milestone eine neue Produktidee zu beurteilen. Schauen Sie auch auf das ursprüngliche Briefing. Bewerten Sie die Kraft der zugrunde liegenden Idee. Und wenn Sie diese spüren können, vertrauen Sie Ihrem Marketing-Team und lassen Sie es laufen.

Zu viele Kompromisse verändern die kreative Kraft der Ausgangsidee. In mittelständischen Unternehmen, in denen der Inhaber von einer Idee begeistert ist oder sie gar selbst hatte, ist die unverfälschte Idee oft besser und vor allem schneller zu realisieren.

Die Execution ist ein weiteres Problem. Auch hier gibt es wieder zahlreiche Stimmen, die sich einmischen und Bedenken anmelden. Das sieht dann oft so aus:

- Braucht es wirklich eine vollkommen neue Maschine?
- Geht das nicht auch in einer bestehenden Verpackung?
- Können wir die Kommunikation nicht in die bestehende Kampagne integrieren?
- Stellen wir das neue Produkt doch am besten in den existierenden Regalplatz!
- Sollen wir so viel Marketingmittel in dieses neue (unsichere) Produkt investieren?
- Wenn wir nach zwölf Monaten keinen Erfolg haben, stoppen wir die Invests.
- Das bestehende Geschäft darf nicht unter der Neueinführung leiden!
- Die „Innovation" ist neben zehn Renovationen ein Teil des Vertriebsprogramms.

Und so weiter und so weiter und so weiter. Damit wird die Erfolgschance einer Innovation schon von Anfang an eingeschränkt und verliert erheblich an Power. Geben Sie Ihrer Innovation den Stellenwert in Ihrer Organisation, den sie verdient. Sorgen Sie für eine perfekte Execution. Stellen Sie die nötigen Ressourcen zur Verfügung und glauben Sie als Führungskraft an Ihre Innovation – und zwar nicht nur die ersten zwölf Monate.

Ein Plädoyer für Renovationen

Nicht jeder neue Trend bietet großes Wachstumspotenzial. Es macht zwar Spaß und wirkt innovativer, sich mit den neuesten Trends zu beschäftigen, und das ist natürlich auch wichtig. Man darf nur nicht vergessen: Auch die Ausschöpfung der Big Varieties kann ausgesprochen interessant sein. **Top Tastes** Ich habe das immer das „Schokolade-Vanille-Nuss-Phänomen" der Eiskrembranche genannt. Jedes Jahr gibt es hier viele neue Varianten in Geschmack und Form. Ein Feuerwerk an Innovationen! Aber wenn man sich die Sorten einmal anschaut, sind es häufig Abwandlungen der erwähnten Geschmacksrichtungen, also Line Extensions. Diese bauen eben auf den beliebtesten Geschmacksrichtungen der Deutschen auf – und das ist oft besser, als eine weitere exotische, wenn auch trendige Spezialität auf den Markt zu bringen.

Andere Beispiele für erfolgreiche Line Extensions von Top Tastes sind „Tomate" bei Pastasaucen (Tomate-Olive, Tomate-Basilikum, Tomate-Mozzarella, Tomate Arrabiata etc.), „Salami" bei Pizza (Salami-Zwiebel, Salami-Peperoni, Salami Speciale etc.) oder „Erdbeere" bei Marmeladen (Erdbeere mit Bourbon-Vanille, Erdbeer-Rharbarber, Badische Erdbeere, Sanddorn-Erdbeere etc.).

Schokolade

Vanille

Nuss

Phänomen

Aus meiner Erfahrung ist es für
das Geschäft oft interessanter, die Produktentwicklung auf
neue Varianten der Top-Sorten zu briefen,
als alleine neue exotische Spezialitäten zu launchen.

Beides ist als Vollsortimenter und Innovation Leader wichtig, aber vernachlässigen Sie nie die Top Tastes! Marktführer beherrschen die Top Tastes und versuchen immer, diese zu dominieren.

Ein schon erwähnter Aspekt des Verbraucherverhaltens, der neue Innovationschancen bietet, ist das veränderte Essverhalten. Die Food Journey des Tages wird stark durch Snacking und Convenience geprägt. Dabei spielt Screen Food eine zunehmend wichtige Rolle. Wir entwickeln uns mehr und mehr zu einer Multi-Screen-Gesellschaft. Insbesondere Singles beziehungsweise Menschen in situativen Einzelesssituationen neigen stark dazu, diese „Einsamkeit" mit ihrer Screen Partnership zu überspielen: Ob vor dem TV, dem Laptop, dem Tablet, dem Smartphone – all diese Geräte schaffen Unterhaltung und vermindern das Gefühl, ein „einsamer Esser" zu sein. Viele Geschäftsleute versuchen auch durch Informationsaufnahme und Kommunikation während des Essens ihre Arbeitseffizienz zu steigern.

Wie auch immer: Food-Angebote, die zu diesem Ernährungsverhalten passen, haben gute Absatzchancen. Screen Food, am besten in Ein-Portions-Größe, muss einfach zu essen sein, idealerweise mit einer Hand, und darf nicht zu fett sein oder schwer im Magen liegen. Screen Snacking halt!

Voraussetzungen im Unternehmen

Manche Unternehmen entwickeln zur Forcierung der Innovationskultur Claims wie „Bigger, bolder, better", „Bigger, bolder, faster" oder „Better fast than perfect". Alles richtig, aber nur Worte, wenn man nicht die gesamte Organisation und das Führungsverhalten daran ausrichtet. Wenn die Organisationsstruktur keine schnellen und mutigen Entscheidungs- und Umsetzungsprozesse zulässt, wenn das Erreichen von Innovationsquoten nicht Bestandteil der Bonuskriterien ist oder flexible, top besetzte Innovationsteams nicht für die wichtigsten Innovationsprojekte freigestellt werden, vergessen Sie es. Es wird kaum zu nennenswerten Innovationserfolgen kommen.

Struktur und Kultur

Noch eine Anmerkung zur Organisation:
Kreativität braucht Freiheit, Offenheit Neuem gegenüber,
wenig Bürokratie und flache Strukturen.

Damit bereiten Sie den Boden für Innovationen. Haben Sie sich für ein neues Angebot entschieden, geht es an die Execution. Jetzt sind Disziplin und Hierarchie gefragt. Keine großen Diskussionen und Zweifel mehr – es geht ums Machen. Die perfekte Umsetzung muss straff organisiert sein, es geht um Speed und Distribution, um die hundertprozentige Umsetzung der Positionierung am Point of Sale (POS).

**Auch wichtig:
Disziplin und Hierarchie**

Zentrale Bedürfnisse

Eine wichtige Rolle auf der Suche nach neuen, relevanten Food-Angeboten und Geschäftsideen spielt die Marktforschung. Hier kann man große Unterstützung und Inspiration erfahren. Aber Vorsicht: Marktforscher liefern gerne ein Überangebot an Information, aber selten den entscheidenden Innovationshinweis. Wenn man vom Verbraucher ausgehend denkt, spielen viele der zur Verfügung stehenden Informationen nur eine nachgelagerte

Marktforschung

Rolle. Es geht darum, den zentralen Need zu erfassen und zu bedienen. Das gilt dann auch für die Kommunikation.

Ein Overload an Information führt nicht selten dazu, dass man als Marketer den wirklich verbraucherrelevanten Aspekt übersieht oder verwässert und den Verbraucher letztlich auch überfordert.

Der wirklich relevante Benefit wird nicht klar genug herausgearbeitet und kommuniziert. Die Marketers wollen alles bedienen, der Verbraucher will nur eines: einen klaren, verständlichen Vorteil. Zu viel Wissen kann manchmal auch kontraproduktiv sein.

5

Preise sind Gefühlssache

„Mit scharfem Blick, nach Kennerweise,
seh' ich zunächst mal nach dem Preise,
und bei genauerer Betrachtung
steigt mit dem Preise auch die Achtung."

Wilhelm Busch

Jagdtrieb

Wir Deutschen sind ein Volk der Schnäppchenjäger. Das ist bekannt und interessanterweise durch alle Einkommensschichten verbreitet. Es ist einfach smart, Sonderangebote mitzunehmen. Außer bei Super-Premium-Angeboten sollte deshalb eine geschickte Promotionpreisstrategie wichtiger Bestandteil jeglicher Preisstrategie sein.

Die Kunst ist es, Verbraucher durch „gefühlte" Schnäppchen zu gewinnen, ohne gleichzeitig das normale Preisniveau zu erodieren und Werte (und Erträge) langfristig zu vernichten.

Das kann man durch Sizing (Bonus-Packs), Bundling (Verbundangebote, Mengenrabatte) oder Special Editions (beispielsweise Saisonangebote) erreichen. Permanente Preisabsenkungen von Normalware zerstören dagegen systematisch das Ertragsniveau Ihres Angebotes.

Beurteilung von Preisen

Nur ein relativ kleiner Teil der Menschen, die regelmäßig Food Products kaufen, hat konkrete Preiskenntnisse. Bei ständig gekauften Grundnahrungsmitteln wie Butter, Milch oder Brot sind diese Preiskenntnisse noch am ehesten zu finden, und Verbrauchergruppen mit sehr niedrigem Einkommen sind zweifelsohne deutlich preisbewusster und -sensibler. Es ist ein großer Unterschied bezüglich der Wahrnehmung von Preisen, ob ich mit 10 Euro für den Lebensmitteleinkauf starte oder keinem konkreten Limit.

Unterschiedliche Sensibilisierung

Die Masse der Verbraucher kauft aber eher nach Gefühl ein. Die Preiswürdigkeit eines Angebotes entscheidet sich am POS beziehungsweise beim Online-Shopping vor dem Screen.

Die Beurteilung und Akzeptanz eines Preises wird nach meiner Erfahrung aufgrund des Preisumfeldes vorgenommen.

Ist beispielsweise in einem Regal oder Sortiment die große Mehrheit der Produkte für einen Preis unter 1 Euro zu haben, erscheint ein Preis über 1 Euro hoch. Wird dasselbe Produkt in einem Preis-umfeld zwischen 1 und 2 Euro platziert, hat es deutlich bessere Chancen auf Preisakzeptanz. Außerdem spielt der zuletzt wahrgenommene Preis eine Rolle. Habe ich mich gerade in einer Warengruppe mit Preisen um die 5 Euro bewegt, erscheinen mir Preise in der unmittelbar fol-genden zwischen 2 und 3 Euro günstig. Komme ich dagegen aus einer Warengruppe mit Preisen um 1 Euro, erscheint mir das Angebot teuer. Prüfen Sie deshalb, ob neue Angebote, die direkt wahrnehmbare Preisniveaus beziehungsweise -schwellen im Umfeld durchbrechen oder nach einem sehr niedrigen Sortimentspreisniveau geplant sind, nicht besser in einem anderen Preisumfeld (Sortiment, Regal) positioniert werden können.

Ist Ihr Produkt richtig positioniert?

Wichtigste Dimensionen für die Entscheidung für oder gegen ein Preisangebot sind demnach das absolut zur Verfügung stehende Budget für den Lebensmitteleinkauf und die gefühlte Relation zum Preisumfeld (preiswert, akzeptabel oder teuer/zu teuer).

Nicht nur die inneren Werte zählen

Die Preiswürdigkeit eines Angebots wird auch gefühlsmäßig nach Art der Verpackung bewertet. Werden mit bestimmten Verpackungen Preisniveaus gelernt, sind davon abweichende Preispositionierungen ebenfalls problematisch. So wird sich beispielsweise ein Food-Angebot in Dosen oder in Plastikflaschen (Ketchup, Mayonnaisen u. ä.) über 2 Euro oder in Beuteln im Trockensortiment über 1 Euro schwer tun. Verwenden Sie für Ihre neuen höherwertigen Produktangebote besser alternative Verpackungsformen und -materialien, die für höhere Preise eher akzeptiert werden (beispielsweise Glas, neue Formate, verbesserte Öffnungs- und Verschlusslösungen).

Auch die Verpackungsgröße hat etwas mit dem Gefühl der Menschen für das Preis-Leistungs-Verhältnis zu tun. Wenn Sie in einem Wettbewerbsumfeld agieren, das durch gleiche Verpackungsangebote geprägt ist, sollten Sie Verpackungsverkleinerungen gut prüfen. Bei zwei vergleichbaren Produkten mit dem gleichen Inhalt zum gleichen Preis, die in verschiedenen Verpackungsgrößen angeboten werden, neigt der Verbraucher immer zur größeren. Einfache Formel: Mehr fürs Geld! Wenn Sie also eine solche Verpackungsreduktion planen (aus Kostengründen oder ökologischen Motiven), müssen Sie diese Maßnahme mit hohen Kommunikationsinvestitionen unterstützen, sonst besteht die Gefahr von unmittelbaren Absatz- und Marktanteilsverlusten.

Mehr fürs Geld!

Denken Sie an die Zukunft

Berücksichtigen Sie bei Preispositionierungen für neue Produkte unbedingt auch die folgenden Aspekte: die Reaktion der Wettbewerber auf Ihren Markteintritt und zukünftig notwendige Preiserhöhungen aufgrund von Kostensteigerungen.

Steigen Sie mit dem Bewusstsein in den Markt ein, dass Ihr im Vorfeld rentabel gerechneter Endverbraucherpreis sofort unter Druck gerät, da sich Ihre direkten oder indirekten Wettbewerber sofort über Promotionpreise oder im schlechtesten Fall dauerhafte Preisabsenkungen gegen Ihr neues Angebot zur Wehr setzen werden.

Aus meiner Erfahrung wird das zu selten berücksichtigt und führt schon schnell nach der Einführung zu kritischen Rentabilitätsbewertungen der Neueinführung.

Wer nicht rechnet, muss mit allem rechnen!

Positionieren Sie Ihr neues Angebot außerdem nicht direkt unter einer deutlich wahrnehmbaren Preisschwelle. Wenn Sie mit 99er-Preisen starten (0,99 Euro, 1,99 Euro, 2,99 Euro und so weiter), werden Sie sich in den kommenden Jahren, wenn Sie der Kosten- beziehungsweise Ertragsdruck zu Preiserhöhungen treibt, unglaublich schwer damit tun, die Preise zu erhöhen. Denn wenn Sie die Preise über die Preisschwelle anheben müssen, werden Sie in den meisten Fällen nennenswerte Absatzverluste einkalkulieren müssen.

Preisschwellen berücksichtigen

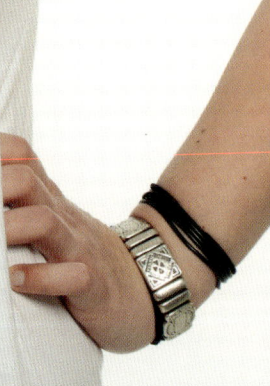

Einkaufen macht Spaß

„Ich bin der schlechteste Verkäufer der Welt – darum muss ich es den Kunden einfach machen, bei mir zu kaufen."

Frank Winfield Woolworth

Wachsende Servicevielfalt

Wir leben in einer hochentwickelten Konsumgesellschaft. Die große Mehrheit unserer Gesellschaft genießt die Breite des Food-Angebotes und die Freiheit der Auswahl. Shoppen ist ein wichtiger Teil unseres Lebens, und Lebensmittel spielen darin eine zentrale Rolle, denn sie sichern schon lange nicht mehr unser Überleben (wie noch in vielen Teilen unserer Welt), sondern sie bestimmen in erheblichem Maße unsere Lebensqualität. Die Verfügbarkeit von Lebensmitteln ist in Deutschland extrem hoch. Die Dichte an Lebensmittelgeschäften ist wirtschaftlich bewertet eher kritisch zu sehen, aus Sicht der Shopper aber höchst convenient. Vor allem in und um die Städte herum erscheint die Jagd nach den Food Spends der Deutschen schier grenzenlos.

Nahezu grenzenlose Auswahl

Die Restaurant- und Snack Food-Szene bietet zudem eine ständig wachsende Vielfalt für die Ernährung „out of home". Heimlieferservice-Flyer füllen insbesondere in Großstädten die Briefkästen, von Pizza und Pasta über Ente süß-sauer bis hin zu Sushi oder Gyros – alles wird in Minuten geliefert. Convenience pur. Jetzt entwickelt sich auch noch das Internet-Angebot für Food rasant.

Der Kampf um den Share of Stomach hat ein unglaublich
intensives Niveau erreicht. Schwer für die einzelnen Player,
gut für die Konsumenten.

Deshalb: Food Shopping wird in den kommenden Jahren
vielseitiger und reizvoller als jemals zuvor in Deutschland.
Je nach Anspruch, Geldbeutel und Aufwand hat
man zahlreiche Optionen und kann diese optimal in seinen Lebensstil integrieren. Shopping
à la carte sozusagen. Neben Smart Eating wird auch Smart
Shopping einen Teil unserer Lebensqualität bestimmen.

Smart Shopping

Als Hersteller von Lebensmitteln müssen Sie dafür sorgen,
dass Ihr Angebot im Relevant Set der Menschen verankert

Kampf

um den

SHARE OF

STOMACH

wird und dieses, wenn das Bedürfnis nach Essen oder Trinken entsteht, verfügbar ist. Das bedeutet, dass Sie wissen müssen, wo Ihre potenziellen Kunden Food nachfragen. Die Customer Journey ist die Voraussetzung für effizientes Marketing und Verkaufen. Wenn ein potenzieller Kunde im richtigen Moment auf Ihr Angebot aufmerksam gemacht wird und das Kaufen (ob off- oder online) einfach funktioniert, führt das zu höchster Shopper-Zufriedenheit.

Möglichst bequem oder möglichst schön

Food Shopping von Montag bis Freitag wird zweifelsohne auch zukünftig das bequeme Einkaufen dominieren: wenn schon in ein Lebensmittelgeschäft, dann so effizient wie möglich shoppen. Standort, Parkplatz, Übersichtlichkeit im Shop, One-stop-Shopping oder Check-out-Effizienz sind hier die Klassiker für die Einkaufsstättenwahl. Diese Versorgungseinkäufe werden zukünftig zunehmend in Konkurrenz mit dem Online-Food-Shopping geraten. Vor allem Berufstätige werden diejenige Lösung präferieren, die am wenigsten Zeit und Aufwand kostet.

Am Wochenende oder zu bestimmten Anlässen sucht man beim Einkaufen eher das Erlebnis. Die Atmosphäre eines Marktplatzes oder Fachgeschäfts, ein breites Angebot und kompetente Beratung bei gleichzeitiger Abwicklungseffizienz (Parkplatz, Kasse) sind will-

Food Shopping als Event

kommen. Dann erhöht Food Shopping ebenfalls die Lebensqualität und macht Spaß. Die Chancen stehen gut, dass gerade ältere Menschen solche „Wohlfühlshops" gerne annehmen: Läden mit einladenden Coffee Areas zum Relaxen und Socialising, mit Ernährungsberatungsangeboten und dem Service, den Einkauf nach Hause zu liefern,

könnten gute Perspektiven haben und für die vielen kommenden Single-Haushalte ein wichtiger Fixpunkt in der Wochenplanung werden – und das nicht nur samstags.

Food Shopping wird zukünftig spannender und vielfältiger denn je. Die Konsumenten können sich freuen: Je nach Bedarf wird es extrem effiziente und, wenn gewünscht, auch unterhaltsame, alle Sinne bedienende Angebote geben.

DIENEN

BEDIENEN

VERDIENEN

Marketing heißt auch Verkaufen

„Ich bewundere Picasso.
Keiner hat sein Öl so teuer
verkauft wie er."

Unbekannter Ölscheich
(Auch Salvador Dalí zugeschrieben)

Wer werben will, muss verkaufen können

Wer keine Vertriebserfahrung hat, tut sich meiner Erfahrung nach schwer damit, sehr gutes Marketing zu machen. Der Erfolg des Marketings hängt von den Verkäufen ab, und deshalb muss das Denken und Wirken eines Marketers auch den finalen Kaufakt einbinden. Das kann man aber nur, wenn man etwas davon versteht. Und nicht nur theoretisch. Kein Unternehmensbereich ist so von der praktischen Ausübung geprägt wie das Verkaufen. Die Bedürfnisse und Erwartungen der Handelspartner beziehungsweise Vermarkter unserer Produkte und Services sind oft extrem spezifisch, anspruchsvoll und auch sprunghaft, sodass es wertvoll ist, diese einmal persönlich zu erfahren.

Der finale Kaufakt muss berücksichtigt werden

Marketers, die selbst verkauft und in wichtigen Listungs- und Jahresgesprächen mitgewirkt haben, können nicht nur die Bedürfnisse der Handelskunden und Shopper frühzeitig besser berücksichtigen, sondern sie haben auch ein besseres Standing gegenüber ihren eigenen Vertriebskollegen und sprechen die richtige Sprache mit ihnen.

Das hilft immens bei der Durchsetzung und Unterstützung der vorgeschlagenen Marketingaktivitäten. Nutzen Sie deshalb insbesondere in der frühen Phase Ihrer Karriere Joboptionen im Verkauf, auch wenn Sie damit Ihre Komfortzone für zwei oder drei Jahre verlassen müssen. Der Payback wird sich lohnen.

Die tiefe Verbindung zwischen Marketing und Verkauf zeigt sich spätestens am Point of Purchase (POP), denn genau hier liegt oft die Ursache für viele Flops. Das liegt daran, dass über diesen Ort nicht ausreichend nachgedacht wird beziehungsweise das entsprechende Know-how im Marketing fehlt. Zu einem perfekten Marketingplan gehören aber verschiedene Aspekte, die unbedingt beachtet werden müssen:

Point of Purchase

- Das Packaging Design muss optimal auf den Shopper, nicht unbedingt auf den Verbraucher ausgerichtet sein (auch wenn das im klassischen Food Business oft dieselbe Person ist),
- die Platzierung im Shop und im Regal muss dem Shopper-Verhalten perfekt angepasst werden, und
- die Aktivierung zum Kauf muss durch relevante Promotion- und Werbeaktivitäten gefördert werden.

Packaging Design

Beim Thema Packaging Design empfehle ich, am klassischen Handelsregal die 5-3-1-Regel (created by Roman Klis Design) anzuwenden. Sie beschreibt den finalen „Path to Purchase": Fünf Meter vor dem Produkt muss ein potenzieller Käufer aufgrund des Packaging Designs die Kategorie erkennen (geht es um Marmeladen, Fonds, Pasta-Saucen oder

Gewürze?). Dazu kann man entsprechende visuelle Signale nutzen (Verpackungsarten, Verpackungsformen, Farben), die typisch für die Kategorie und im Idealfall von meinem Angebot geprägt sind (Beispiele hierfür sind Coca-Cola, Ritter Sport oder Maggi). Drei Meter vor dem Produkt müssen die Sorte und die Marke (auch hier spielen Farben eine große Rolle, denken sie nur an Kitkat oder Milka) erkennbar sein, um den Shopper zunächst zu meinem Angebot zu führen. Einen Meter vor dem Produkt muss vor allem die Sorte gut sichtbar und lesbar sein. Denn jetzt setzt die gezielte Suche des Shoppers ein, seine Konzentration fokussiert sich. Das Lesen ist dabei nur Reassurance, Bilder und Farben führen uns zum Produkt. Die finale Entscheidungsphase dauert oft nur wenige Sekunden.

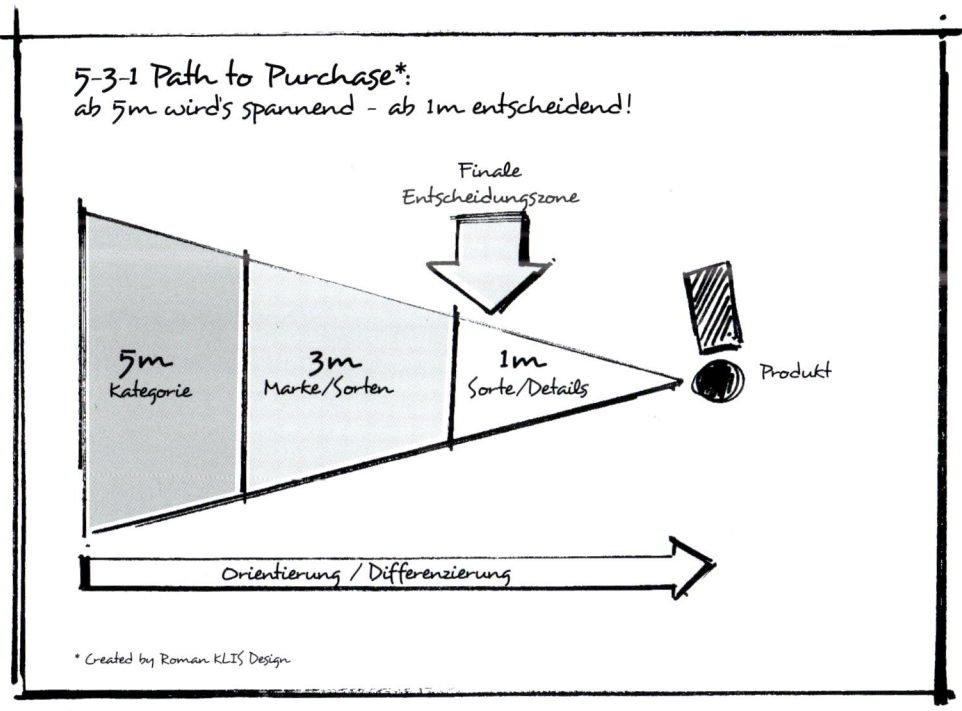

> Der Shopper will Harmonie zwischen seinen Suchkriterien und dem Angebot erreichen – ein überwiegend emotionaler Prozess, der bestenfalls mit Kaufzufriedenheit endet.

Die Verpackungsgestaltung hat auf Vorder- und Rückseite unterschiedliche Aufgaben. Als Vorderseite ist hier die Ansichtsseite zu verstehen. Während die Vorderseite klare einfache Botschaften und Kaufimpulse setzen muss (Verkaufsseite), ist die Rückseite (bei mehrdimensionalen Verpackungen auch die Seiten) geprägt von relevanten Produktinformationen (einfache und klare Verwendungshinweise an **Erwartungen der** erster Stelle, dann Nährwerte und Zutatenliste – **Zielgruppe** hier gilt „Clear label is key" –, dann ergänzende Infos). Erstellen Sie eine klare Hierarchie der Informationen, die den Erwartungen ihrer Zielgruppe gerecht wird. Ich habe die Rückseite immer als Serviceseite bezeichnet, denn gut lesbare und hilfreiche Informationen werden vom Verbraucher neben einer überzeugenden Produktleistung absolut gewürdigt und in die Bewertung des Gesamtangebotes einbezogen.

Denkt man an die zunehmende Anzahl der älteren potenziellen Shopper sowie die in den nächsten zehn Jahren deutlich wachsende Zahl von Mitbürgern mit Migrationshintergrund (es geht immerhin um mehrere Millionen Zuwanderer bis 2025), so werden auch Packungsgestaltungen überlegen sein, die mit großer und einfacher Beschriftung, idealerweise ergänzt um bildliche Darstellungen der Zubereitung, punkten. So erreicht man dann auch viele potenzielle ausländische Shopper und Produktverwender – denn auch sie kaufen in deutschen Supermärkten ein.

> Sagt man heute schon „Wer lesen kann, kann auch kochen",
> so sollte zukünftig die perfekte Packungsgestaltung das
> sichere Handling des Produktes
> selbst ohne Deutschkenntnisse ermöglichen.

Vermeiden sie Konfusion auf der Vorder-/Verkaufsseite. Marketers neigen dazu, die vielen, natürlich so wichtigen Argumente für ihr Produkt auf der Vorderseite zu platzieren. Hier noch ein Claim, da noch ein Siegel. Die Packungsfront sieht dann am Ende aus wie ein Weihnachtsbaum – bunt und schön, aber man erkennt nichts Konkretes. Für den Shopper ist das verwirrend. Die Erfolgsformel heißt: Minimize to the max!

Minimize to the max!

Food-Abbildungen und Sortenbezeichnung sind die Könige der Vorderseite. Wenn Sie über eine gute Marke verfügen: Geben Sie ihr gestalterisch ebenfalls Gewicht. Alles andere ist dem unterzuordnen, lassen Sie es nur zu, wenn es wirklich große Relevanz für die Kaufentscheidung hat. Ansonsten packen Sie es auf die Rückseite.

Je nachdem, ob Sie es mit einer runden oder eckigen Verpackung zu tun haben, ist das mit der Vorder- und Rückseite so eine Sache. Bei runden Verpackungen, die nicht immer korrekt ausgerichtet im Regal stehen können, müssen Sie überlegen, ob eine janusköpfige Gestaltung eine Option ist (dann bleibt sehr wenig Platz für die üblichen Detailinformationen der klassischen Rückseite) und ob Sie die Orientierung am Regal durch die gestalterische Nutzung des Liefer-/Verkaufstrays fördern können (schmaler Rand des Verkaufstrays vor den Produkten). Ebenfalls wichtig zu wissen ist, ob Ihr Food Product zukünftig eher unten oder oben in den Regalen des Handels platziert wird.

Das Design muss zum Regalplatz passen

Alles klar!

Je nachdem spricht man von Ansichts- oder Aufsichtspackungen. Wenn Ihr Produkt beispielsweise immer in Kniehöhe platziert wird, sollte nicht nur die Vorderseite (aus der Fünf- und Drei-Meter-Perspektive) auffällig sein, sondern auch die obere Seite (aus der Ein-Meter-Perspektive/-Aufsicht) – sonst sind Sie raus aus dem finalen „Moment of Truth".

Food-Fotografie

Sparen sie nicht bei der Food-Fotografie! Die Lust auf das abgebildete Produkt beziehungsweise das Ergebnis des Zubereitungsprozesses muss sofort ausgelöst werden. Food Shopping ist sehr emotional, die Genusserwartung ist ein starker Treiber der Kaufentscheidung. Aber übertreiben Sie nicht zu sehr die fotografische Darstellung der wahren Produktleistung. Ein wenig Schönfärberei akzeptieren die Verbraucher, zumal sie wissen, dass werbliche Darstellungen immer etwas übertreiben. Aber wenn es in Irreführung mündet, reagiert der Verbraucher zu Recht verärgert und mit Ablehnung. Diesen Verbraucher haben sie definitiv verloren.

Platzierung on- und offline

Visuelle Nummer eins

Versuchen Sie, bei der Platzierung Ihres Angebotes immer den visuell ersten Platz in der Kategorie einzunehmen. Das gilt sowohl für das Regal im Supermarkt (erster im Kundenlauf) als auch im Online-Angebot (durch Suchmaschinenoptimierung, SEO genannt, sollte bei Eingabe von beispielsweise „Tomatensuppe" oder „Olivenöl" Ihr Angebot zuerst erscheinen). Die Chance zum Kauf Ihres Angebotes erhöht sich dadurch.

Übertragen Sie beim Einkauf bei einem E-Retailer Ihre Erfahrungen und Actions aus der Offline-Welt auf den „Gang"

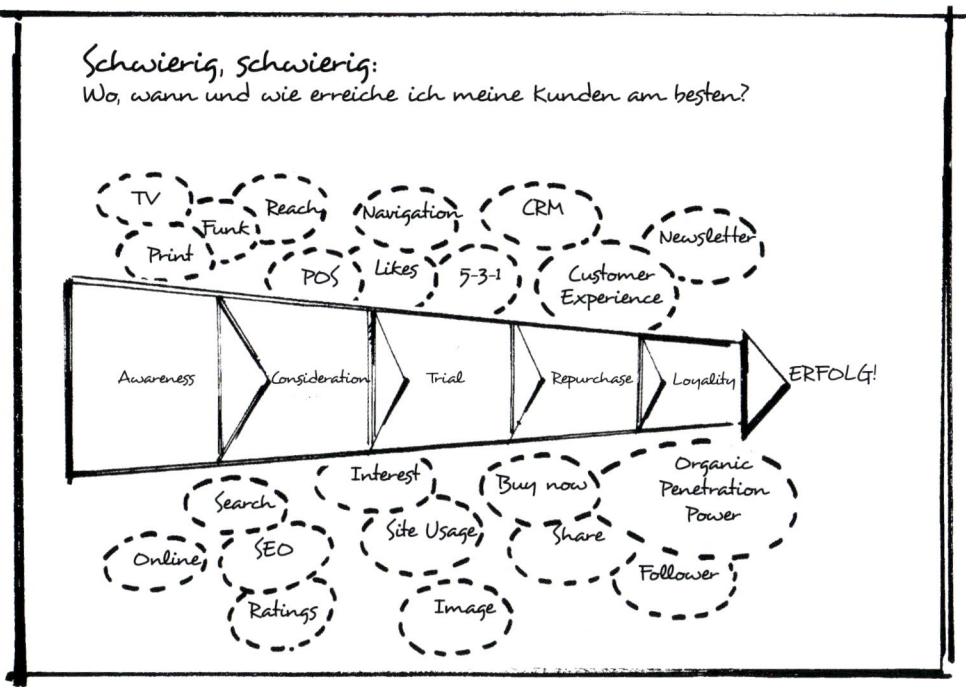

Schwierig, schwierig:
Wo, wann und wie erreiche ich meine Kunden am besten?

durch den Online-Supermarkt. Folgen Sie dem Kaufentscheidungskanal (Purchase Funnel) Ihres potenziellen E-Shoppers vom Zeitpunkt des ersten Interesses (discover) über die Suche (SEO!), die Auswahl (connect) und den Kauf (digitale Kassenzone = Kaufbestätigung und Zahlungsweise → Aktionsangebot platzieren/buy now) bis hin zum Interesse am Wiederkauf (Loyalität).

Die Customer Journey Ihrer heutigen und potenziellen Kunden zu verstehen und in der On- und Offline-Welt perfekt zu bedienen, wird eine wichtige Voraussetzung für erfolgreiches Food Marketing im kommenden Jahrzehnt.

Kooperationen und Sonderaktionen

Versuchen Sie, namhafte und aus Sicht der Shopper sinnvolle Kooperationspartner für Ihre Promotions zu gewinnen. Gemeinsame Vermarktungsangebote von beispielsweise Salaten und Salatdressings, von Croissants und Marmela-

Promotionpartner   de, von Spargel, Schinken und Sauce Hollandaise, um nur einige zu nennen, rücken den Preis in den Hintergrund. Das Verbundangebot erscheint vielen Verbrauchern sinnvoll, und die Vorauswahl am POP entlastet den eigenen Aufwand des Shoppers (Convenience!).

Im Übrigen sind Verbund- beziehungsweise Themenangebote eine große Chance für das Online-Shopping. Man gibt

nicht ein gesuchtes Produkt ein, sondern beispielsweise den Anlass. Zum Thema Grillen werden dann beispielsweise diverse Grillprodukte und Getränke, zum Thema Diät entsprechende Low-Fat-Produkte angeboten. Online ist das absolut easy, im stationären Handel ist die räumliche Zusammenführung von Verbundaktionen oder Themen-Promotions deutlich aufwendiger.

Verbund- und Themenangebote

Marketers sollten auch saisonale Highlights (wie Ostern, Weihnachten oder die Grillsaison) und Special Events (wie die Fußball-WM oder das Firmenjubiläum) nutzen, wenn es für die angebotenen Produkte oder Services möglich ist. Die Fußball-Pizza, die Osterhasen-Schokolade, der BBQ-Senf oder die Keks-Jubiläums-Schmuckdose sind nicht sensationell innovativ, aber sie lösen

Saisonale Highlights

wichtige Kaufimpulse aus und können oft über vernünftige Verkaufspreise vermarktet werden.

Bonus-Packs können aus meiner Erfahrung ebenfalls gewinnbringend sein, da sie den Shopper nicht an niedrigere (Promotion-)Preise gewöhnen. Aber hier ist trotzdem sorgsam auf die Rentabilität zu achten, denn häufig sind größere Inhalte zum gewohnten Preis wirtschaftlich nicht besonders sinnvoll, zu reduzierten Aktionspreisen schon gar nicht.

Formen der Werbung

Traditionelle Medien

Marketers sollten gut über alle Werbemöglichkeiten am POP informiert sein. Unmittelbar vor der Kaufentscheidung, ob off- oder online, können aufmerksamkeitsstarke Werbeimpulse den entscheidenden Ausschlag geben. Viele Kaufentscheidungen fallen erst während der Food-Shopping-Tour. Diesem Feld gibt das klassische Marketing viel zu wenig Beachtung. Die relevantesten Medien für die Kommunikation zum Thema Essen und Trinken sind immer noch der Supermarkt, gefolgt von Testergebnissen, dem Handzettel und Zeitschriften. Bei den Massenmedien spielen TV, Radio, Internet und Tageszeitungen eine ebenfalls wichtige Rolle.

Neue Werbeformen

Idealerweise entwickelt man gemeinsam mit den Handelspartnern neue Werbeformen, die man dann zumindest temporär exklusiv testen und nutzen kann. Außerdem verbessern solche Initiativen das Verständnis des Machbaren am POP sowie die Zusammenarbeit mit den Handelspartnern. Investieren Sie in diesen Bereich, versuchen Sie, die Ideen-Leadership am POP zu gewinnen. Diese Investition zahlt sich sehr schnell aus.

Hier entscheidet sich der Kauf, also muss dieser Teil des Vermarktungsprozesses integraler Bestandteil jeder Marketingstrategie sein. In jedem guten Marketer sollte deshalb auch ein guter Verkäufer stecken.

Die Perfektion des Unperfekten   *Exkurs*

An dieser Stelle möchte ich noch einige Gedanken und Erwartungen bezüglich der Glaubwürdigkeit von Kommunikation und Verpackung im Food Business beschreiben. Jahrzehntelang haben wir nach dem leckersten, dem schönsten Food Shot gesucht, und je näher er der perfekten Illusion eines prächtigen Essgenusses kam, umso besser. Das galt für das Packaging ebenso wie für Werbespots, Printanzeigen oder POS-Material. Dabei wurden sicher viele Grenzen überschritten. Der Vorwurf der Irreführung war nicht selten berechtigt – nicht rechtlich gesehen ("Serviervorschlag"), sondern moralisch.

Die neue Regel lautet:
Näher ran an die Realität,
das aber perfekt inszeniert.

Die Menschen wollen nicht länger faszinierende Food-Verpackungen kaufen, sondern wissen, was sie bei der

115

Verwendung der Produkte wirklich erwartet. Und das ist in den überwiegenden Fällen auch bei Industrial Food durchaus ansprechend. Man muss sich also so gut wie möglich mit der Darstellung des Angebotenen auseinandersetzen. Der wahre Inhalt der Food Packs muss so lecker wie möglich abgebildet werden. Diese neue Ehrlichkeit ist eine große Herausforderung für die Food Industrie, denn sie braucht Mut und eine neue Kreativität in der Kommunikation. Kreativität im Marketing, bei den Agenturen und den Food-Stylisten und -Fotografen. Auch ein kleinerer Inhalt wie bisher abgebildet, die Darstellung von wichtigen (wirklich nennenswert vorhandenen) Ingredients und die realitätsnahe Portionsgröße können appetitlich und kaufförderned dargestellt werden. Auch nicht ganz perfekte Koch-, Zubereitungs- oder Esssituationen (wie sie nun mal bei uns allen zu Hause vorkommen) schaffen eher Vertrauen und Akzeptanz als die Darstellung perfekter Menüpräsentationen, die an aufwendig zubereitete Sterneküche erinnern. Heutige Verbraucher werden diese Stimmigkeit zwischen erzeugter Erwartung und eingetroffenem Ergebnis zu schätzen wissen.

Idealerweise entwickelt die Food Industrie dazu in ihren Verbänden Commitments, die die Glaubwürdigkeit der angebotenen Produkte erhöht. Denn ein Risiko bleibt natürlich bestehen: Gehen nur wenige voran, wird die Verführung der restlichen „Übertreiber" auch zu Kaufentscheidungen zugunsten der schöner inszenierten Produkte und Verpackungen führen. Mit den erwähnten Enttäuschungen und Zweifeln. Langfristig schadet das mit Sicherheit der gesamten Branche.

Schönheit verführt —

doch nur Genuss liiert

8 Kommunikation – die Königsdisziplin

„Enten legen ihre Eier in Stille.
Hühner gackern dabei wie verrückt.
Was ist die Folge?
Alle Welt isst Hühnereier!"

Henry Ford

Kommunikationsziele

Auf keine Art kann so viel Geld verbrannt werden wie durch falsche Kommunikationsinvestments. Kommunizieren Sie nur mit den Menschen außerhalb Ihres Unternehmens, wenn Sie etwas Relevantes für diese zu sagen haben – egal, welche Zielgruppe es nun betrifft (potenzielle und/oder treue Kunden, Handelspartner, Liefe-ranten, NGOs, Hochschulabsolventen etc.). Das klingt banal, aber nicht selten sieht man Werbung, bei der man das Gefühl hat, hier wird eher das Selbstdarstellungs-bedürfnis von Marketing- oder Kommunikationschefs be-dient als die Erwartungen der Zielgruppe. Tolle Filme, tolle Bilder, unklare Botschaften. Formulieren Sie deshalb am An-fang klare Kommunikationsziele und überprüfen Sie die Ziel-erreichung konsequent.

Was haben Sie zu sagen?

Investieren Sie nur in Kommunikation nach außen, wenn Sie wirklich etwas Relevantes zu sagen haben. Die Welt ist voll von schönen austauschbaren Bildern und belanglosen Sprüchen – schenken Sie sich einen weiteren Beitrag dazu.

Kommunikationsziele bezogen auf potenzielle Kunden können vielfältig sein, aber idealerweise verfolgen sie zwei:

1. Sie führen zur Steigerung der Bekanntheit und der Hinwendung zu Ihrem Angebot.
2. Sie führen zu einer Steigerung Ihres Umsatzes.

Den ROI sollten Sie genauso konsequent einfordern wie bei Ihren Investitionen in das Sachkapital. Nach meiner Erfahrung generiert Kommunikation zum Endverbraucher in der Mehrzahl der Kampagnen kurzfristig einen Return von bestenfalls 1:1 – man erzielt also gerade einmal den Mehrumsatz, den man in die Kommunikation investiert hat. Langfristig kann der Wert bei Corporate Brands etwas höher liegen (Markenloyalität wird verbessert, Spill-over-Effekte auf das Gesamtsortiment). Das sind zwar für die Awareness und Consideration Ihres Angebotes Verbesserungen, aber nur der reale Kauf aufgrund Ihrer Kommunikation zahlt sich wirtschaftlich aus. Fordern Sie deshalb von Ihrer Marketingorganisation ROIs von deutlich größer 1 ein (ROI-Werte von 2 bis 4 sind gute Ergebnisse, in der Spitze können sie noch deutlich höher liegen), denn nur dann kommen Sie in den Bereich profitablen Wachstums.

ROI konsequent einfordern

Kommunikationsziele bezogen auf Special Interest Groups können nicht an kurzfristigen Umsatzzielen ausgerichtet werden.

Hier geht es in erster Linie um die Verbesserung Ihrer Stellung im Wettbewerb, beispielsweise gegenüber Ihren Hauptwettbewerbern, hinsichtlich der Wahrnehmung Ihres Unternehmens in der Öffentlichkeit oder ganz gezielt auf dem

Beschaffungsmarkt. Aber auch hier können klare KPIs (Key Performance Indicators) definiert werden.

Communication Universe

Vermeiden Sie Werbe- oder Kommunikationsmaßnahmen aufgrund eines guten Bauchgefühls. Testen Sie Ihre geplanten Maßnahmen im Vorfeld. Gute Pre-Tests bekommt man schon für 25.000 bis 30.000 Euro, während Kommunikationsinvestments oft in die Hunderttausende oder gar Millionen gehen – gut investiertes Geld also.

In der heutigen Zeit ist die Kommunikation mit der von Ihnen anvisierten Zielgruppe komplexer denn je. Die Menschen

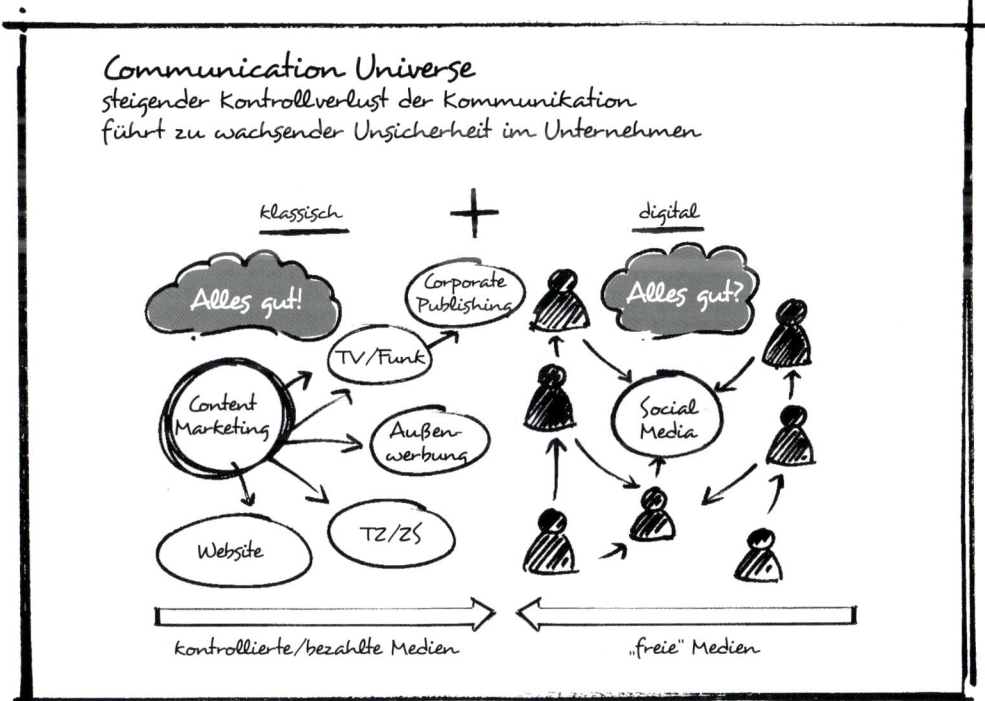

Der Tanz mit den TOUCH POINTS

sind deutlich weniger berechenbar als noch vor zwanzig Jahren. Entscheidend ist deshalb, dass Sie die Customer Journey Ihrer Zielgruppe bezüglich Informationsaufnahmebereitschaft zum Thema Ernährung kennen. Die ist bei einem 22-jährigen Studenten natürlich ganz anders als bei einer 35-jährigen Mutter oder einem 66-jährigen Pensionär. Menschen, die leidenschaftslos essen oder **Unterschiedliche** sich frisch und ausgewogen und trotzdem conve- **Customer Journeys** nient ernähren wollen oder aus gesundheitlichen Gründen hochinteressiert an ihrer Food Auswahl sind, unterscheiden sich deutlich in ihrer Food Journey durch den Tag. Das Wissen über deren Verhalten (bei der Informationssuche, dem Einkaufs- und Essverhalten) entscheidet darüber, ob Ihre Kommunikationsmaßnahmen einen einträglichen ROI generieren.

Fokussierte sich das Marketing früher auf den „Moment of Truth" (meist am POS), so muss man heute die „Journey of Truth" bedienen. Es gilt zu verstehen, wann der potenzielle Kunde sich mit der Information über **Journey of Truth** Food Products beziehungsweise deren Kauf beschäftigt (und das 24 Stunden am Tag), um ihm genau dann inspirierenden relevanten Content anzubieten (der beste Kontakt nutzt allerdings nichts, wenn die emotionale Ansprache und Aktivierung nicht passt).

Die Aufnahme von Werbebotschaften geschieht heute nicht mehr linear (Communication Funnel), sondern sprunghaft und alternativ – es geht also eher darum, das Communication Universe zu verstehen.

Investieren Sie hier genug Zeit und Geld, um dieses Communication Universe Ihrer Zielgruppe zu analysieren und zu bedienen, dann erhöhen sich die Erfolgsaussichten Ihrer Kommunikationsinvestments deutlich.

Eine optimale Multi-Channel-Kommunikationsstrategie ist in hohem Maße relevant zur Erreichung Ihrer Marketing- und Unternehmensziele. Setzen Sie unbedingt klare Prioritäten und fordern Sie Leistungsnachweise für die geplanten Kommunikationsinvestments. Besonders, wenn Sie ein ordentliches Marketingbudget zur Verfügung haben. Sonst besteht schnell das Risiko, dass Sie die für Ihre Zielgruppe wirklich relevanten Kanäle beziehungsweise Touchpoints unterversorgen und nennenswerte Investitionen in den weniger relevanten verpuffen. Verfügt man über ein knappes Marketingbudget, werden nach meiner Erfahrung Investitionsentscheidungen häufig effizienter getroffen.

Multi Channel Communication

Klare und beständige Botschaften

Ein weiterer wichtiger Aspekt erfolgreicher Kommunikation ist, einen klaren Benefit für die Beworbenen in den Mittelpunkt zu stellen. Was ist wirklich neu oder anders im Vergleich zu den bisherigen Angeboten? Warum verbessert es meine Ernährungsqualität (sprich: Lebensqualität)? Ist das Versprechen relevant für mich? Ist es glaubwürdig?

Darüber hinaus gilt immer: Haben Sie Geduld! Communication Claims sind das bevorzugte Profilierungsobjekt neuer Marketingchefs und neuer Agenturen. Überlegen Sie gut, bevor Sie einen existierenden Kommunikationsauftritt und den Claim ändern – für diese gab es gute Gründe! Unternehmen, die alle zwei, drei Jahre ihren Auftritt ändern, haben keine klare Strategie. Es

Haben Sie Geduld!

dauert, bis die Menschen außerhalb Ihres Unternehmens Ihre Botschaften annehmen und verinnerlichen. Selbst bei großartigen Kampagnen braucht es Zeit, bis sich ihre Botschaft durchgesetzt hat. Die Menschen werden heute von Tausenden Botschaften unterschiedlichster Branchen bombardiert. Gerade die Food-Branche bietet heute mehr Optionen als jemals zuvor in unserer Geschichte. Immer wieder die gleiche Botschaft, ähnliche Bilder und Emotionen sind kein Zeichen von Einfallslosigkeit oder Langeweile (obwohl Ihnen das Ihr neuer Unternehmens- oder Marketingchef oder die neue Agentur gerne einreden werden), sondern sie helfen Ihrer anvisierten Zielgruppe dabei zu erinnern, zu lernen, zu übernehmen. Klingt nicht spannend und widerspricht unserem Zeitgeist, dass Aktionismus und Change Erfolge bringen. Das stimmt zwar häufig, aber nicht für eine nachhaltig erfolgreiche Kommunikation. Ja, die Inhalte Ihrer Kommunikation sollten neu und relevant sein, aber der Rahmen sollte über Jahre kontinuierlich beibehalten werden. Als positive Beispiele möchte ich hier Dallmayr, Lindt, Dr. Oetker oder Kitkat aufführen.

Keep it simple!

Es gibt nach meiner Erfahrung ein paar Grundregeln für gute Kommunikation, die man immer berücksichtigen sollte. Eigentlich logisch und keineswegs revolutionär, aber häufig missachtet. Schauen Sie sich nur die aktuelle Werbung an, ob Print, TV oder online: Sie werden häufig feststellen, dass dort gravierende Fehler gemacht werden. Achten Sie immer auf die Stimmigkeit von Wort und Bild – beides passt viel zu oft nicht zusammen. Der Lerneffekt ist dann deutlich reduziert. Doch auch, wenn beispielsweise Ihr neuster Werbefilm diese

Aus den Fehlern anderer lernen

Der Kopf ist wie ein Magen: Es kommt nicht darauf an, wie viel man hineingibt, sondern wie er es verdaut.

Voraussetzung erfüllt, lauern hier noch Fallstricke: Am Ende von TV-Spots oder von Videobeiträgen kommt der Hinweis auf die Marke beziehungsweise das Angebot in Verbindung mit dem Absender. Oft wird dann neben dieser wichtigen Botschaft (der letzte Eindruck) noch eine ablenkende Szene gezeigt. Das führt dazu, dass sich die Seher häufig an den durchaus eindrucksvollen Film erinnern, aber den Absender (Marke, Anbieter) schlecht zuordnen können. Haben Sie den Mut, am Ende zwei Sekunden für Ihre Marke, Ihre letzte (wichtige) Botschaft zu investieren. Und zwar in aller Ruhe.

Keep it simple! Oft erschlägt das große Wissen der Absender einer Botschaft das Aufnahmevermögen der Adressierten. Man möchte gerne alles, was man weiß, in 30 Sekunden oder ein Print-Motiv packen. Das verschleiert aber häufig den eigentlich für den Empfänger der Botschaft relevanten Benefit. Einfachheit in Sprache und Bild finden eher den Zugang ins Gehirn der Beworbenen. Wenn Sie beispielsweise auf direkte Kaufimpulse durch Ihre Kommunikation setzen, dann fokussieren Sie besser auf ein konkretes Produktangebot als auf eine Product Range. Sortimentswerbung wirkt meist generisch, zahlt in das Image und in die Kategorie ein – bestenfalls. Ein einzelnes konkretes Food Product, auf das ich Lust bekomme, aktiviert deutlich besser zum Kauf.

Für uns Marketer ist unsere Werbebotschaft das Wichtigste und Beste überhaupt – für den Verbraucher eine unter Tausenden. Und da muss sie auffallen und durchdringen. Doch überfordern Sie die Verbraucher nicht!

Sekunden, die entscheiden

Häufig wird diskutiert, ob Aufmerksamkeit, Relevanz oder Content die wichtigsten Parameter der Werbung sind. Wie auch immer, wenn man sich vergegenwärtigt, dass heute Tausende von Informationen am Tag auf den Menschen beziehungsweise sein Gehirn treffen und in Sekunden der Selektionsprozess abläuft, der über die Annahme des Angebotes entscheidet, wird klar: Ohne Wahrnehmung und Akzeptanz, sich damit überhaupt zu beschäftigen, wird die Werbebotschaft verpuffen.

Da die Hirnforschung schon mehrfach bestätigt hat, dass dieser Selektionsprozess in überwiegendem Maße von unseren Emotionen gesteuert wird, bedeutet das zunächst, dass unsere Werbebotschaft emotionale Zuneigung und Aufmerksamkeit auslösen muss. Diese Erkenntnis betrifft nicht nur Bildbotschaften oder Musik (Jingles, Lieblingsmelodien/-Songs), sondern auch Texte (Headlines, Betreffzeilen etc.). Im Food Marketing können das auch Lichtsignale und Gerüche sein, die vor allem bei Angeboten in Supermärkten zur emotionalen Hinwendung und Aufnahmebereitschaft führen können.

Die ersten ein bis zwei Sekunden der Wahrnehmung entscheiden also darüber, ob sich die ganze Arbeit in den folgenden Content beziehungsweise für unser Angebot überhaupt gelohnt hat.

Wie viel Zeit investieren wir beim Briefing und bei der Kreativentwicklung eigentlich in diesen Aspekt? Die

Durchsetzung unserer Werbebotschaft gegen all die anderen tausend Signale, die auf das Gehirn einprasseln, sollte erste Priorität jeglicher Marketingüberlegungen haben. Wenn unsere Tür nicht sichtbar und nicht geöffnet wird, kann auch keiner reinkommen und sich das schöne Zimmer ansehen.

Um diese Herausforderung erfolgreich zu managen, muss an erster Stelle das tiefe Verständnis unserer jeweiligen Zielgruppe stehen. Nur wenn ich weiß, was aktuell (in dieser Situation, in diesem Moment) hohes Interesse bei der Zielgruppe auslöst, komme ich überhaupt ins „relevant Set" des Gehirns. Dafür muss ich wissen, was neben der Relevanz meiner Botschaft die Aufnahmebereitschaft des Beworbenen zum jeweiligen Kontaktzeitpunkt (Touchpoint) ausmacht. Dies kann abhängig von Tageszeitpunkt, dem richtigen Wochentag und dem Ort (zu Hause, im Job oder Out of Home & Job) zu völlig anderen Anspracheformen führen. Dies betrifft sowohl das Medium als auch die Art der Ansprache. Nur wenn dieses Angebot unserer Werbung perfekt passt, wird das Gehirn unserer Zielperson in den angesprochenen ersten Sekunden der Wahrnehmung signalisieren: Tür auf, das schau ich mir jetzt näher an!

Die zweite Tür erscheint übrigens bei Videos nach etwa zehn Sekunden – da steigen 80 Prozent der User aus. Also versuchen Sie, der Faszination der ersten Sekunden nach acht bis zehn Sekunden ein weiteres emotionales Highlight folgen zu lassen, damit möglichst viele Menschen Ihre Videobotschaft weiter verfolgen.

Zusammenarbeit mit Agenturen

Wenn Ihre Werbung nicht wirklich funktioniert, machen Sie nicht gleich die Kreativleistung Ihrer Agentur verantwortlich. Nicht selten liegt die Misere in der Qualität der Zusammenarbeit zwischen Kunde und Agentur begründet. **Eindeutiges Briefing** Das fängt schon mit dem Briefing an. Sind die Briefings vollständig, eindeutig und verbindlich? Haben sie das Briefing vor dem Start des Kreativprozesses gemeinsam mit der Agentur besprochen? Gibt es ein Standardverfahren oder sieht jedes Briefing anders aus? Wird das Briefing von der obersten Unternehmensführung mitgetragen?

Nächste Herausforderung sind die Deadlines. Ist das Timing realistisch? Wird es von der Agentur hingenommen oder mit der Agentur erstellt? Sind die Entscheider bei **Realistisches Timing** den Milestones (Schulterblick-Meetings) dabei? Gilt das Briefing vom Anfang des Prozesses bis zum Ende oder wird es im Laufe des Prozesses vonseiten der Marketing- oder Unternehmensleitung geändert, sodass eigentlich ein neues Timing erstellt werden müsste?

Und natürlich: Wie ist der Umgang mit der Agentur? Wird sie als „Supplier", also Lieferant geführt oder als Businesspartner auf Augenhöhe? Bekommt sie alle wichtigen Informationen zeitnah, wird sie als Teil des eigenen Marketingteams verstanden und integriert?

---

*Je mehr und früher Sie in Ihre Kommunikationspartner investieren, umso mehr bekommen Sie zurück.
Keine große Neuigkeit, denkt man,
aber leider keine Selbstverständlichkeit im Alltag.*

Wer viel gibt, bekommt auch viel!

9 Digital ist ganz normal

„Das Internet ist wie eine Welle:
Entweder man lernt,
auf ihr zu schwimmen,
oder man geht unter."

Bill Gates

Mundpropaganda 2.0

Das höchste Gut jeder Geschäftsbeziehung ist Loyalität gepaart mit der Motivation zur Weiterempfehlung. Wenn es einem Unternehmen gelingt, dass die Kunden das Angebot so überzeugend finden, dass sie immer wieder nachkaufen, ist das ein großer Erfolg. Empfehlen diese zufriedenen Kunden das Produkt, den Service, die Marke von sich aus weiter an Freunde und Bekannte,

Organic Penetration Power

dann ist das der Traum jedes Marketers auf diesem Planeten. Ich nenne das „Organic Penetration Power" (OPP) – die Faszination der Angebotsleistung ist so groß, dass Verbraucher freiwillig zu Botschaftern des Unternehmens werden und die Käuferreichweite wächst, und das ohne zusätzliche Marketing-Investitionen!

Vor zehn Jahren war diese OPP noch sehr begrenzt – technisch begrenzt. Die gute alte Mundpropaganda war schon damals wertvoll, aber der „Reach" limitiert. Es dauerte oft Monate, bis sich durch persönliche Empfehlungen eine nennenswerte Nachfragesteigerung erzielen ließ, und hinzu kam, dass den anbietenden Unternehmen in der Regel die Transparenz solcher Prozesse fehlte. Durch die digitale Kommunikation und insbesondere durch die gewaltige Penetration von Facebook

VON MUND

ZU MUND

VON SCREEN

ZU SCREEN

hat sich dieser Empfehlungsprozess in den letzten Jahren unglaublich beschleunigt und potenziert. Sehen Sie sich dazu auch noch einmal das Schaubild auf Seite 123 an: Statt ab und zu „von Mund zu Mund" heißt es jetzt sofort „von Screen zu Screen". Ein tolles neues Produkt, ein faszinierender Werbespot, ein eindrucksvolles Video und ab geht die „Post"! Hunderte Facebook-Nutzer werden beispielsweise innerhalb weniger Minuten über die Begeisterung eines „Freunds" informiert. Was für eine großartige Chance für Marketers! Scott Cook, Director von E-Bay und Procter & Gamble, hat diese Thematik treffend zusammengefasst:

„A brand is no longer what we tell consumer it is,
it is what consumers tell each other it is."

Positive und negative Ratings

Eine wichtige Orientierung für die Sucher im Web übernehmen Ratings. Diese meistens in einer Anzahl von Sternen ausgedrückte Bewertung eines Angebots hat einen durchaus relevanten Einfluss auf die Kaufentscheidung. Man kann sich zwar nicht sicher sein, wer hier bewertet hat, aber bei einer hohen Anzahl von Bewertungen steigt statistisch die Wahrscheinlichkeit, dass das Ergebnis des Votings der Realität nahekommt.

Einfluss auf Kaufentscheidungen

Wenn Sie hohe Bewertungen bekommen, ist das natürlich die beste Werbung für Ihr Angebot. Doch auch eher negative Ratings können Sie gewinnbringend für sich nutzen, indem Sie entsprechend reagieren: Wenn Ihr Angebot nur mäßige Zustimmung erfährt, können Sie es schnell überarbeiten und

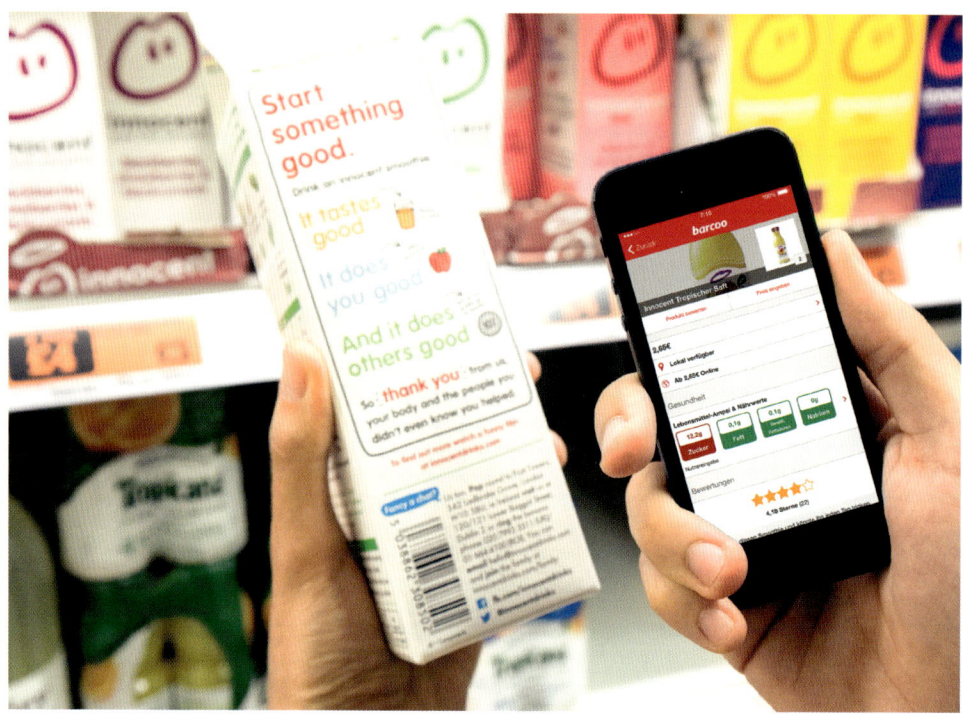

optimieren. Ein super Feedback – schnell und kostengünstig (auch wenn es natürlich transparent ist).

Aber auch Dislikes bis hin zum Shitstorm gehören zur New Reality. Bad News sind genauso schnell distribuiert, und das kann erhebliche wirtschaftliche Konsequenzen haben. Marketers brauchen heute eine hohe Sensibilität für die Bedürfnisse der Menschen und Organisationen, die Social-Media-affin sind.

Die aus meiner Erfahrung in diesem Kontext wichtigste Regel heißt: Sei ehrlich, authentisch und schnell!

EHRLICH

AUTHENTISCH

SCHNELL

Digitale Kommunikation

Konnte man in der Vergangenheit noch Informationsstrategien im Sinne von „Was sage ich wann (oder überhaupt) und wie?" praktizieren, ist das heute vorbei. Die Menschen erwarten zu Recht ehrliche Antworten sofort. Eine große Herausforderung für Unternehmen, speziell für Marketing- und Supply-Chain-Organisationen. Für die optimale Nutzung der digitalen Kommunikation müssen erhebliche Ressourcen bereitgestellt werden – quantitativ und qualitativ.

Es reicht heute schon nicht aus und wird in Zukunft erst recht nicht ausreichen, wenn man ein oder zwei Digital- oder Social-Media-Spezialisten ins Haus holt, nein, die gesamte Organisation muss diese neue Art der Kommunikation und Vermarktung (E-Commerce) in ihre DNA aufnehmen. Digital ist heute ganz normal und keine Ausnahmeerscheinung mehr.

E-Business muss in Firmen-DNA übergehen

Digital Natives wachsen zu nachfragestarken Verbrauchern heran. Die Zeit läuft! Wir müssen das akzeptieren und die neue Realität annehmen. Das tut vielen Unternehmen weh, denn in der alten Welt hatte man sich gut eingerichtet und erfolgreich agiert. Aber die Loyalität zu diesen alten Angebotsformaten wird schnell verloren sein, wenn sich neue Anbieter mit in die neue Welt passenden Angeboten positionieren. Viele Unternehmen werden sich neu erfinden müssen – oder verschwinden.

Beachten muss man auch, dass die kostengünstigen digitalen Kommunikationskanäle nicht zu einem Overload an Informations- und Promotionsangeboten führen. Aus der individuellen „Beratung" kann dann schnell eine individuell gefühlte „Belästigung" werden.

Relevanter Content

Die richtige Dosierung mit wirklich relevantem (und authentischem) Content ist hier der Königsweg, den es zu finden gilt.

Alle Altersgruppen sind online
Internetnutzung von Personen 2015
nach Altersgruppen in %

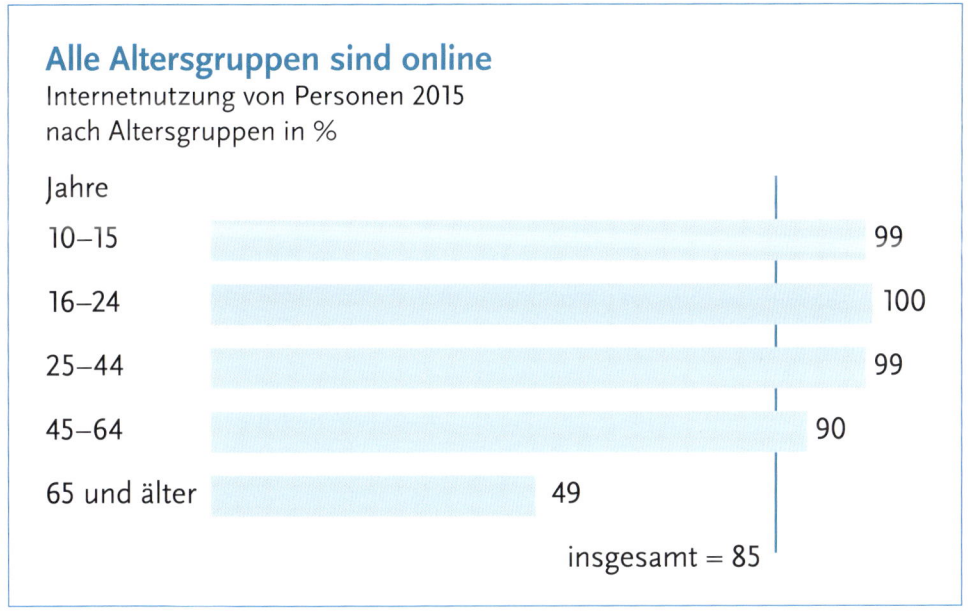

Jahre	
10–15	99
16–24	100
25–44	99
45–64	90
65 und älter	49

insgesamt = 85

Quelle: Private Haushalte in der Informationsgesellschaft (IKT)
Statistisches Bundesamt, Wiesbaden 2015

Und dieser ist je nach Produkt oder Service und Zielgruppe sowie Touchpoint unterschiedlich.

Um am Erfolg von E-Retailern im Food Business teilzunehmen, kann man Kooperationen mit jenen anstreben, die eine direkte Kaufoption auf der eigenen Website oder dem Facebook-Auftritt beinhalten (Buy-now-Button). Man fördert so die Nachfrage auf der E-Retailer-Site und damit den eigenen Absatz, ohne selbst ein E-Commerce-System aufbauen zu müssen. Voraussetzungen sind natürlich eine eigene attraktive Website mit hoher Frequenz und die Listung im Angebot des E-Retailers.

Kooperationen mit E-Retailern

Verbraucher involvieren

Die digitale Verknüpfung von Unternehmen und Menschen sollte unbedingt zu einer intensiven Einbindung der Verbraucher in die Geschäftsentwicklung genutzt werden. Waren in der reinen Offline-Welt beispielsweise Verbraucherbeiräte sehr aufwendig zu organisieren, ist das jetzt online gut machbar. Ihre besten Kunden können problemlos in Ihre Aktivitäten involviert werden. Bei der Entwicklung neuer Produkte und Services, der Beurteilung von Packungsdesigns oder selbst Werbemitteln – engagierte Verbraucher „arbeiten" gerne mit. Dieses Engagement nutzt Ihnen mehrfach. Neben dem wichtigen Feedback werden Ihre engagierten Verbraucher auch zu Botschaftern Ihres Unternehmens, denn sie werden sich gegenüber Familie, Freunden und Bekannten positiv über die Möglichkeit der Mitwirkung in Ihrem Unternehmen äußern.

Ihre Kunden sind Ihre besten Mitarbeiter

Zum Schluss möchte ich hier noch anmerken, dass bei all dem aktuellen Hype bezüglich der Digitalisierung unserer Welt das reale Leben immer noch am faszinierendsten bleibt. Die Kombination aus dem Besten beider Welten, also aus der Online- und der Offline-Welt, wird deshalb für das Food Marketing die große Herausforderung sein – wer das gut meistert, wird zukünftig Erfolg haben.

10 Marken-führung mit ruhiger Hand

„Man muss im Ganzen an
jemanden glauben,
um ihm in Einzelnen wahrhaft
Zutrauen zu schenken."

Hugo von Hofmannsthal

Glaubwürdigkeit

Ein ganz wichtiger Aspekt bezüglich der Glaubwürdigkeit der Markenkommunikation und eines klaren nachhaltigen Markenprofils ist es, auch abzuliefern. Große Pläne und Zielversprechen sind eine Sache, aber das konsequente Arbeiten an der Zielerreichung zählt mit Sicherheit noch mehr. Insbesondere bei Nachhaltigkeitszielsetzungen, die oft nur längerfristig formuliert werden können, müssen Transparenz der Zwischenzielerreichung oder -verfehlung gewährleistet sein.

Wer verspricht, muss abliefern

Nobody is perfect. Das ist menschlich und auch unternehmerisch so. Auch uns ist während meiner Verantwortung des Marketings für große Food Brands nicht alles gelungen und wir haben Ziele verfehlt – so ist das Leben. Das verstehen auch die Menschen außerhalb einer Organisation, wenn man sich zu Fehlern bekennt, sie nicht schönredet und vor allem nicht wiederholt. Ein Unternehmen sollte heute nicht wie eine Blackbox geführt werden. Das Streben nach dem Optimalen wird von jedem anerkannt. Dass manches schwierig ist und vielleicht länger dauert als geplant – okay. Genau wie Menschen müssen Unternehmen dazu lernen und sich immer wieder

Zu Fehlern stehen und daraus lernen

WALK THE TALK.

Otherwise:

DON'T TALK.

weiterentwickeln. Was nicht geht, ist, nur vom Schönen und Guten zu reden und viel zu versprechen, aber nicht zu liefern.

Reden Sie nach außen besser vom Erreichten und von realistischen Zielen und versuchen Sie nicht, euphorische Erwartungen zu wecken.

In meinem Unternehmen war das immer ein klarer Grundsatz, mit dem sich auch die Mitarbeiter voll identifizieren konnten. Dieses Vorgehen garantiert langfristig die Credibility nach innen und außen.

Glaubwürdigkeit und Berechenbarkeit fundieren nicht auf Zielversprechen, sondern auf Zielerreichung. Viele Mission Statements und Imagekampagnen basieren auf schönen Worten. Klingt oft gut, bringt aber nichts, wenn den Worten keine Taten folgen. Wie im richtigen **Wort und Tat im Einklang** Leben akzeptieren wir gute Freunde nur, wenn Wort und Tat im Einklang stehen. Das gilt auch für Unternehmen und deren Marken. Walk the talk – ansonsten besser: Don't talk!

Verantwortlich für die Glaubwürdigkeit der Marke sind alle Mitarbeiter des Unternehmens. Die Markenwahrnehmung nach außen ist das Ergebnis ihres Verhaltens. Marken beziehungsweise ein Unternehmensimage entstehen nicht von selbst. Sie werden gemacht, von den Mitarbeitern gelebt.

Hauptsache: Geschmack

Ein weiterer wichtiger Baustein von langfristigem erfolgreichem Markenmanagement bei Food Products ist: Machen Sie niemals Kompromisse beim Geschmack! Der Erfolg liegt auf der Zunge der deutschen Verbraucher. Wenn ein Produkt nicht schmeckt, kann es auch nicht durch eine **Keine Kompromisse** optimale Nährwertbilanz oder besondere gesundheitliche Vorteile gerettet werden. Der gute Geschmack ist das alles entscheidende Wiederkaufargument, es sei denn, man muss aus gesundheitlichen Gründen auf eine spezielle Kost achten. Aber auch hier gilt es dann, die beste der geschmacksreduzierten Varianten zu sein.

Wir hatten in der Produktentwicklung dazu eine eindeutige Regel formuliert: Wenn wir im Sinne eines noch besseren Beitrages zu einer ausgewogenen Ernährung beispielsweise den Salz-, Zucker- oder Fettgehalt eines Produktes reduzieren, muss die neue Rezeptur zunächst von mindestens 60 Prozent **60:40-Regel** der potenziellen Käufer als geschmacklich überlegen bewertet werden, bevor das nutritionell optimierte Produkt auf den Markt kommt. Dieser Vergleich muss gegen das stärkste Wettbewerbsprodukt im Blind-Test (also ohne Marken- beziehungsweise Herkunftswirkung) gewonnen werden. Nur Geschmack, Aussehen und Geruch der getesteten Rezeptur müssen überzeugen. Diese 60:40-Regel lässt sich übrigens auch sehr gut auf andere Markendimensionen übertragen:

Wenn Sie die Qualitätsführerschaft langfristig halten wollen, dann sollten auch Ihre Kommunikation, Ihr Verpackungsdesign, Ihr Service-Level und Ihr Listungs- beziehungsweise Regalanteil gegenüber Ihrem Hauptwettbewerber einen solchen Vorsprung erzielen.

Idealerweise erreichen Sie eine höhere Präferenz als 60 Prozent – aber überprüfen Sie erst einmal Ihren Status quo diesbezüglich. Ein 60:40-Vorteil über alle Markendimensionen hinweg ist im Food Business ein sehr gutes Ergebnis.

Bestimmte Markenartikel stehen außerdem für eine spezifische Geschmackserwartung. Das ist ein großer Wettbewerbsvorteil, beschreibt aber auch Sortimentsgrenzen. So sind fade oder süße Lebensmittel der Marke Maggi, milde Senfsorten der Marke Löwensenf oder eine kräftige bittere dunkle Schokolade der Marke Lila Pause kaum tragfähig. Gelernte und erfolgreiche Geschmacksmuster von etablierten Marken sollte man nicht durch „mutige Stretchings" erodieren. Selbst aus dem besten Ackergaul kann man leider schwerlich ein gutes Rennpferd machen.

Geschmackserwartungen der Verbraucher

> Markenartikel müssen im Food Business immer geschmacklich führend sein. Nur so lassen sich Preis und Wiederkauf auf Dauer sicherstellen.

Markenpflege

Neben dem verlässlich guten Geschmack, den man mit Produkten einer Food Brand verbindet, müssen auch die charakteristischen Markensignale über viele Jahre und Jahrzehnte gepflegt werden. Dazu gehören Markenname und Logo, die Markenfarben, eine konstante Markenkommunikation in Bild, Schrift und Ton, im besten Fall eine einzigartige Produkt- und/oder Verpackungsform (man denke beispielsweise an Ritter Sport, Maggi Würze, Tabasco oder Capri-Sonne).

1924	1928	1937	1943

1977	1980	1987	2009

Die konsequenteste Markenführung, die ich generell kenne, ist die der katholischen Kirche. An dieser Markenführung kann man einiges veranschaulichen:

- Logo (Kreuz),
- Farben (weiß: Papst, scharlachrot: Kardinäle, violett: Bischöfe),
- Sound (Glockengeläut, typischer Klang der Kirchengesänge),
- Geruch (Weihrauch),
- Mission Statement (Bibel),
- Brand Flag Stores (Kirchen) oder
- Rituale (Beichten, Papstwahl, katholische Feiertage).

All diese Aspekte wurden über Hunderte von Jahren perfekt umgesetzt. Kritik an dieser globalen Marke gab und gibt es immer wieder, doch trotzdem hält man an diesen Merkmalen konsequent fest. Auch das Neinsagen und das Festhalten am Grundsätzlichen machen eine starke Marke aus, was nicht heißt, dass sich das Verhalten und das Angebot über die Zeit nicht an die Nachfrage anpassen müssen. Ob das bei der katholischen Kirche gegeben ist, ist hier nicht zu bewerten – das ist ein anderes Thema.

Ein gutes Beispiel für konsequente und unique entwickelte Markenführung im Food Business hat die Marke Thomy vorzuweisen. Thomy hat nicht nur durch die langjährig stringente und prominente Nutzung des Logos, sondern auch durch den Claim („Thomy ... hier kommt der Genuss"), das Markensymbol (spezifisch gestaltete Kochmütze), den Ton (typischer Thomy-Jingle), „dramatisierte" Genussmomente im echten Leben (mit Thomy-Kochmütze) oder das konsequente Festhalten an der mit der Marke verbundenen Verpackungsform (Tube) nachhaltig Eindruck bei den Verbrauchern hinterlassen.

Beispiel Thomy

Ebenso wichtig wie die schon aufgeführten Aspekte der Markenführung ist es, das Markengefühl in der eigenen Organisation zu entwickeln und zu pflegen. Starke Marken haben wie Menschen ein Persönlichkeitsprofil. Das kann man erforschen, beschreiben, definieren. Aber entscheidender ist, das emotionale Profil zu verstehen. Ist eine Marke eckig oder rund, feminin oder maskulin, laut oder leise, ein Frontline- oder Backline-Star, konservativ oder progressiv, berechenbar oder überraschend?

Starke Marke mit Persönlichkeit

Menschen mit diesem Markengefühl müssen im Unternehmen und speziell im Marketing-Team aufgebaut und an die Company gebunden werden – sie sind ein wichtiges Brand Asset.

Der Markencharakter muss sich auch im Charakter Ihrer Marketing- und Verkaufsmitarbeiter widerspiegeln. Analysten und Technokraten sind natürlich auch wichtig, aber in der Regel eher kurzfristig ersetzbar.

Die wesentlichen Eigenschaften und Signale der Markenpersönlichkeit müssen langfristig kommuniziert werden. Kombiniert man verbraucherrelevante Neuigkeiten mit gelernten, vertrauten Markeneigenschaften in der **Markenpersönlichkeit kommunizieren** Kommunikation, schafft man immer wieder Interesse und Probierbereitschaft. Die sich immer wieder bestätigenden Markensignale entwickeln sich zur Vertrauensplattform, auf deren Basis attraktive Neuigkeiten (Innovationen, Renovationen, Promotions) Impulse zum Wiederkauf der Marke generieren und die Aktualität garantieren.

Idealerweise kombiniert man verschiedene Kommunikationskanäle entsprechend der Customer Journey. Immer, wenn ein Verbraucher sich mit dem Thema Ernährungsplanung beziehungsweise -entscheidung beschäftigt, sollte Ihr Angebot eine Rolle spielen (Communication Universe). Das beginnt idealerweise durch die Besetzung der Top-of-Mind-Position im Gehirn (Sie gewinnen die Vorauswahl) und endet beim finalen Kaufentscheid im Supermarkt oder im Online-Shop.

Für eine konsistente Markenführung
muss an allen Touchpoints sichergestellt werden,
dass das für Ihre Marke wesentliche Wahrnehmungsprofil
(Farbe, Schrift, Form, Tonalität, Stimmung/Gefühl etc.)
sowie relevanter Content vorhanden sind.

Neu heißt nicht besser

Ein beliebtes Spielfeld für neue Unternehmens- beziehungsweise Marketing-Chefs sind – wie schon erwähnt – Agenturen
und Communication Claims. Getrieben von Change-Euphorie
oder Karrieregelüsten neigen neue Marketingverantwortliche
gerne dazu, die bisherige Leistung der Kommunikationsagen-
tur infrage zu stellen. Ich habe das während meiner Karriere
mehrfach erlebt. Die Folge sind häufig aufwendige Pitches,
Vertrauens- und Qualitätsverluste. Es dauert in der Regel lange, bis eine neue Agentur sich in die neue Markenwelt und
die Kategorieanforderungen eingearbeitet hat. Zeit, die man
in der Wettbewerbsauseinandersetzung eigentlich nicht hat.

Meiner Erfahrung nach ist es besser, bei Unzufriedenheit
mit der Agenturleistung zunächst immer dem langjährigen
Partner die Chance zu geben, selbst Optimierungen
vorzunehmen. Der Austausch von entsprechendem Personal
auf Agenturseite führt häufig zu dem gewünschten Ergebnis,
gleichzeitig werden die etablierten schnellen Prozesse und
Networks zwischen Agentur und Kunde bewahrt.

Ähnliches gilt für die Communication Claims. Es dauert
sehr lange, bis das Umfeld einen Brand Claim verinnerlicht
und konsequent mit einer spezifischen Marke in Verbindung bringt. Das ist dann ein großer Wettbewerbsvorteil,
wenn der Claim das zentrale Markenverspre-
chen beinhaltet. „Qualität ist das beste Rezept",   **Claims sollten Marken-**
„... hier kommt der Genuss" oder „Etwas Warmes   **versprechen vermitteln**
braucht der Mensch" sind den jeweiligen Marken
gut zuzuordnen. Mit einem solchen Claim lässt sich dann
das gesamte Markenimage abrufen, der restliche Kommuni-
kationsinhalt kann auf die Vermittlung anderer Botschaften

fokussieren. Das bedeutet einen erheblichen Effizienzvorsprung gegenüber Wettbewerbern!

Wenn möglich: Hände weg von den über Jahre etablierten Communication Claims! Ziehen Sie dies nur bei zwingend notwendig erscheinenden Umpositionierungen in Erwägung.

In diesem Zusammenhang noch eine Anmerkung: Vermeiden Sie bei Angeboten von Industrial Food Products englische Claims. Nicht nur, weil viele Deutsche sie nicht verstehen, sondern auch wegen der „gefühlten" Verbindung zu den dahinter stehenden Küchen. Ein englischer Claim wird sofort unbewusst mit England oder den USA verbunden – beide nicht gerade als kulinarische Hochburgen bekannt. Wenn Sie also nicht gerade auf Burger oder Baked Beans spezialisiert sind, sprechen Sie Ihre Verbraucher besser auf Deutsch an!

Deutschsprachige Claims

Im Out-of-Home-Bereich ist das natürlich anders. Hier werden bewusst mit englischen oder amerikanischen Angebotsformaten entsprechend gelernte Food Styles bedient (Fast Food, Snacks etc.).

Es wird heute auch immer mehr hinterfragt, für was die Marke steht. Die Menschen interessieren sich für faszinierende Food Stories, das müssen Brands berücksichtigen. Die reine Brand Story reicht da häufig nicht mehr aus (obwohl es davon auch sehr beeindruckende gibt, die es wert sind, erzählt zu werden). Aber wenn es Ihnen gelingt, über relevante und emotional ansprechende Food Stories die Brand interessanter und sympathischer zu machen, kann dies einen entscheidenden Mehrwert für Ihr Angebot schaffen – und zu klaren Wettbewerbsvorteilen führen!

Erzählen Sie Geschichten

Voraussetzung dafür: Der emotionale Benefit Ihrer Marke (wie beispielsweise Wohlbefinden, Sicherheit oder Unabhängigkeit) ist zentrale Botschaft Ihrer Story! Dann passt die Anbindung an Ihre Marke und die Geschichte zahlt sich aus.

Danke!

An erster Stelle möchte ich gerne den beiden Chefs und Kollegen danken, die mich in der frühen Phase meiner Karriere bei Nestlé gefördert und gefordert und damit die Grundlage meines heutigen Marketing- und Verkaufs-Know-hows geschaffen haben, Rolf Idecke und Gustav N. Höbart. Die Zusammenarbeit mit ihnen hat meine Marketingpersönlichkeit maßgeblich geprägt und die Leidenschaft für Marken verstärkt.

Ein besonderer Dank geht an die Lektorin meines Buches, Birga Andel. Sie hat mit großem Engagement und konstruktivem Input ganz wesentlich zur Struktur und Visualisierung des Inhaltes von *Good Food Marketing* beigetragen.

Von Verlagsseite habe ich kompetente und charmante Unterstützung von Caroline Schauwienold erfahren. Vielen Dank dafür!

Gefreut habe ich mich besonders über die Bewertungen und Empfehlungen meines Buches durch Prof. Dr. Franz-Rudolf Esch, Ulrich Klenke und Roman Klis. Drei anerkannte Meister ihres Faches, die sich die Zeit genommen haben, sich mit meinem Buch im Vorfeld zu beschäftigen und ein paar Zeilen dazu zu verfassen. Vielen Dank!

Noch ein extra Danke an Roman Klis, den Meister der Visualisierung von Markengefühl und Produktbotschaften. Ich denke sehr gerne an die vielen Stunden zurück, die wir gemeinsam zur Stärkung der Wahrnehmung und Entwicklung der Marke Maggi verbracht haben. Danke Roman!

Nicht vergessen beim Danksagen möchte ich meinen langjährigen Freund Martin Dommes. Martin, der seine private Lebensphilosophie der höchsten Hilfs- und Serviceorientierung auch in seiner Promotionagentur Die Zwei täglich lebt, war auch bei meinem Buch sofort zur Stelle, als ich um Unterstützung bei den Scribbles fragte. Eine gute Gelegenheit, um einmal mehr „Danke, Martin" zu sagen.

Abschließend geht ein liebevoller Dank an meine Tochter Nina-Kathrin, die den schönsten Beitrag zu dem hier vorliegenden Buch beigesteuert hat.

Andreas Peters,
im Mai 2016

Über den Autor

Andreas Peters wurde in Frank-
furt am Main geboren und ist
der Stadt bis heute verbunden.
Nach seinem Studium an der
Frankfurter Johann Wolfgang
Goethe-Universität begann der
Diplom-Kaufmann 1985 als
Trainee am hiesigen Standort
des Traditionsunternehmens
Nestlé, woraufhin es ihn zu-
nächst in den Süden Bayerns
zog, wo er einen Maggi-

Verkaufsbezirk betreute. Danach durchlief er als Product
Manager und Product Group Manager für kulinarische Nestlé-
Produkte die klassische Marketing-Laufbahn, bevor er als na-
tionaler Key Account Manager für die Großkunden Rewe und
Edeka Verantwortung übernahm. Hier sammelte er wertvolle
Erfahrungen, die ihm in seiner anschließenden Marketing-
Laufbahn von großem Nutzen sein sollten, ganz nach dem
Motto: Wer werben will, muss auch verkaufen können.

Weitere Stationen bei Nestlé Winiary in Polen oder im Eis-
kremgeschäft und diverse Projektverantwortlichkeiten trugen
zu seinem umfassenden Verständnis des Food Business bei.

Mittlerweile kann er auf über zwanzig Jahre Führungsverantwortung im Bereich Marketing & Sales beim größten Lebensmittelunternehmen der Welt zurückblicken. Er verantwortete unter anderem über zehn Jahre das Marketing für einige der bekanntesten und erfolgreichsten Food Brands Deutschlands, darunter Maggi, Thomy und Buitoni. Authentische Marken zum Anfassen sind ihm ein Anliegen: So hat er beispielsweise das Maggi Kochstudio näher an die Menschen gebracht und durch tausendfache persönliche Kontakte und Kochkurse des Maggi Kochstudio-Teams das Vertrauen in die Marke Maggi gestärkt. Mehr als zehn Kochbücher sind unter seiner Verantwortung erschienen, und die Überführung des Maggi Kochstudio Clubs in die digitale Welt war ein weiterer wichtiger Servicebaustein im Customer Relationship Management.

Ehrlich und handfest engagierte er sich auch über Jahre als Vorstandsmitglied in verschiedenen Lebensmittelverbänden und ist nach wie vor geschätzter Gesprächspartner in der Branche. Aktuell unterstützt er die Weiterentwicklung des Nestlé Geschäftes in Deutschland als Corporate Brand Director für die Marke Nestlé.

Privat liebt Andreas Peters gutes Essen, ab und zu eine kubanische Zigarre, skandinavische Krimis, die Matrix-Filme, Fußball und die Musik von Peter Gabriel und Genesis.

Sie haben Fragen oder Anregungen zum Buch?
Dann freuen wir uns über Ihre Nachricht: buchverlag@dfv.de

Bildnachweis

Seite 6: goir/fotolia.com

Seite 10: Syda Productions/fotolia.com

Seite 14 oben: JackF/fotolia.com

Seite 14 unten: goodluz/fotolia.com

Seite 15 oben: Andrey Popov/fotolia.com

Seite 15 unten: contrastwerkstatt/fotolia.com

Seite 17: eelnosiva/fotolia.com

Seite 18: goodluz/fotolia.com

Seite 25: Santiago Engelhardt

Seite 28, 88: Ingo Wagner

Seite 32: losangela/fotolia.com

Seite 37: tbralnina/fotolia.com

Seite 44: flairimages/fotolia.com

Seiten 46, 140: Offerista Group

Seite 48: Bocusini by Print2Taste

Seite 51: Natalia Klenova/fotolia.com

Seite 52: Kaesler Media/fotolia.com

Seite 56: Robert Kneschke/fotolia.com

Seiten 64, 74, 105, 111, 123: Sabine Becker, Wiesbaden

Seite 65: Robert Kneschke/fotolia.com

Seite 70: K. C./fotolia.com

Seite 78: Q/fotolia.com

Seite 82: Bert Bostelmann

Seite 86: Wolfgang Zeyen